U0876455

手段

STRATEGIC MANAGEMENT STYLE

管理的秘诀

许海东 著

中国青年出版社

序　言

大国的崛起需要理论的突破。伴随着大国崛起物质财富的丰富，以软实力为代表的精神财富也同样需要发展。在和平年代，企业管理的模式成为国家软实力的重要代表，企业的发展代表了国家的发展，企业的强大代表着国家的强大。因此，探索适合本民族文化习俗的管理模式成为一个国家崛起的真正标志。

组织的发展是有规律的，通过研究我们提出了组织发展规律的三个假设，并由此得出了十个推论，形成了组织发展规律的假设体系，它可以帮助我们理解组织管理的基本原则。我们都知道团结的重要性，但我们并不清楚团结的最佳状态；我们都知道需要创新，但我们并不清楚怎样才能找到真正的创新，怎样才能发挥创新的作用；我们也不清楚如何保持团结的整体与发挥个体的创新之间的关系。这些问题从组织发展规律假设中都可以找到答案。

科学管理在西方已经发展了近百年，在改革开放后，中国企业学习西方现代的管理理论和方法也已经有30多年了，我们取得了举世瞩目的经济成就，但我们在探索具有中国特色的管理模式上仍然举步维艰。我们似乎还很难将现代西方管理理论和方法与我们的传统文化有效地融合起来。我们可以把产业做大，但在如何把产业做强的问题上并没有清楚的思路和方法，组织发展规律假设体系可以给我们指出方向。

通过组织发展规律假设体系，我们可以清楚地分析一些管理风潮流行的根源。无论企业是热衷于战略、细节的管理，还是热衷于领导力、执行力的应用；是制度化建设、数量化考核体系的建立，还是企业文化、学习型组织、创新型企业的营造等，都离不开组织发展规律假设。无论企业采用的管理风格是偏向于制度还是偏向于人性化；是采用最新的管理方法还是引用别人提供的解决方案，我们都可以从组织发展规律假设中找到明确的答案。

组织发展规律假设体系可以帮助我们认清中国传统文化中的优缺点，使我们不是立足于表象来随意“解读”传统文化。组织发展规律假设让我们能站在一个新的高度来看待我们传统文化中有利的部分和影响我们发展的严重错误。

我们可以利用组织发展规律假设体系来分析大国崛起的根本原因，解释困扰中国的李约瑟难题，也可以清楚地知道我们需要改进的地方和前进的方向。

组织发展规律假设体系可以帮助我们了解创意的来源，发挥创新的最佳作用；可以清楚地解释组织整体配合与个体创新的关系；可以指导我们如何处理制度化管理，发挥成员创新的积极性；可以指导我们形成中国式管理模式，了解形成中国式管理模式需要从什么方向入手，需要怎样开展工作。

组织发展规律假设体系帮助我们认识了软实力形成的基础，帮助我们在形成软实力过程中如何认识我们的传统文化，如何改进我们的一些传统习惯，用更优秀的文化来支持我们的重新崛起。

组织发展规律假设既是管理工作中的望远镜，又是管理工作中的显微镜，同时还是指导组织发展壮大的有力工具。

目录

成了组织发展的规律体系。根据组织发展规律的三个假设，我们得到十个推论，可以清楚地辨别管理中的一些错误观点，帮助企业管理者建立正确的管理基本原则，指导企业的具体管理实践。

通过组织发展规律假设来分析发达国家成功的企业模式，可以很清楚地看出这些领先的国家都是在遵循组织发展的规律，他们能够在某一方面将自己的长处发挥得淋漓尽致，日本、韩国和德国都是在组织整体上发挥了自己的优势，而美国更多的是在创新上发挥了自己的优势，从而取得了巨大的成绩。

每一个中国人都希望中华民族复兴和崛起，都希望中国能够再一次诞生对世界文明产生巨大影响的文明成果。但是我们靠什么来产生这种文明的成果呢？很多人不作深入、艰苦的研究，以戏说、水煮、品味等方式来代替研究。我们以国学中的一些代表作来进行简单的分析，就可以清楚地看到自己的差距和不足。

在中国崛起的过程中，关于大国兴衰的原因最能触动中国人的心。每一个中国人都希望中华民族能够再次在世界上崛起，总结大国兴衰的根本原因，我们愿意发挥和坚持那些对我们崛起有利的因素，改进和消除对我们崛起不利的因素。每个国家都希望自己发展壮大，都希望自己位于世界发达国家的行列。

企业基业常青的方法是不断地鼓励员工创新，并为员工提供组织整体的支持与配合，建立以创新为核心的价值观和企业文化，在大力开展创新活动、尊重人才、开展组织学习、构建扁平的组织结构、发挥“领导力”的作用、保持企业的活力等方面开展大量的工作，以提升企业的创新竞争力。

中国企业需要正确地定位自己所处的发展阶段，采用适合的管理方法，并结合中国传统文化和企业的实际，在形成整体配合和发挥员工的创新等方面打造中国式管理。

从中国企业向海外发展所遇到的困难，可以看出我们软实力的不足。真正的软实力产生于我们自身的行为，产生于我们自己的企业管理，这种模式能被我们的员工接受，能够成为我们员工相互之间的行为准则和习惯。

从中国企业向海外发展所遇到的困难，可以看出我们软实力的不足。真正的软实力产生于我们自身的行为，产生于我们自己的企业管理，这种模式能被我们的员工接受，能够成为我们员工相互之间的行为准则和习惯。

当我们理解了组织发展规律后，可以通过组织发展规律假设推导出企业管理未来发展的趋势。人类的进步就是在不断提高物质和思想交流效率的交替发展中前进，若能发挥每个成员的最大潜力来进行创造，最终将形成更大的整体，人类社会就会更加美好！

第一章
管理的迷惘

中国实行改革开放以后，西方的管理思想就涌进中国。我们迫切需要将西方的现代管理知识和中国的传统文化结合起来，但我们缺乏对现代管理思想的整体理解，缺乏指导管理的基本原则，当我们面对各种管理方法、模式的潮流变换时，却陷入了一种迷惘的状态。

我们面临的问题

2010 年中国的 GDP 总量达到约 5.9 万亿美元，成功超越了日本，成为世界第二。世界各国和各种机构都在预测，还需要多少年中国的经济总量将会超越目前世界排名第一的美国？

中国的崛起已经成为现实，中华民族的复兴已经近在咫尺，但中国经济是否能够持续发展，并最终成为世界上真正的强国之一，还有待时间的检验。今天，中国社会经济的各个方面都面临着从“大”到“强”的艰难升级，面临着从数量到质量的结构调整，面临着从低效率向高效率的转变。从世界各国经济发展来看，经济活力的基础就是企业。中国企业在实现结构调整，努力从中国制造到中国创造的过程中，企业管理将发挥关键的作用，我们的企业管理者能够承担这一重任吗？在全球化时代实现大国的崛起，必须有世界级企业的崛起，同时伴随着我们软实力的崛起。真正的崛起意味着世界上的其他国家、企业和人民向往我们的高质量产品，钦佩我们高效率的管理模式，学习我们的文化，追随我们的价值观等，在我们崛起的过程中，我们需要不断地问自己：我们能够向世界提供这些东西吗？

2008 年奥运会开幕式，我们向全世界展示了现代的中国。在展现中国古代文明时，张艺谋导演通过礼乐、通过四大发明，向世人展示了灿烂的中国古代文化，展示了中国古代文明对世界文明的贡献！但是，对于近现代中国对世界发展的贡献，由于没有突出的事例，其表现就显得苍白无力，最后只能通过一个地球模型来突出全球化和地球一家人的概念。确实，我们在近现代还没有产生能够影响世界的发明和创新，"李约瑟难题"正是直指这个问题，然而至今我们依旧在探索这个问题的答案。

英国前首相撒切尔夫人在2006年曾经直言不讳地说："因为中国没有那种可以用来推进自己的权力，进而削弱我们西方国家的具有'传染性'的学说。今天中国出口的是电视机，而不是思想观念。"对这句话最直接的解读就是：中国不可能领导世界，因为他们还没有形成能够领导世界的软实力。

2010年网上曾经有一篇关于美国智库对中国人的评价分析，这份评价虽说不客观并带有西方人的偏见，但也从另一个角度反映了我们存在的某些不足，为了客观分析，我们姑且摆出来供大家评判：

- 中国人缺乏诚信和社会责任感。
- 中国从来就没有成为一个法制社会，因为中国人的思维方式与守法行为格格不入。中国人倾向于索取而不是给予。
- 大多数中国人从来就没有学到过什么是体面和尊敬的生活意义。"保有面子"已经成为了中国人难以克服的障碍，阻碍中国人接受真理并尝试富有意义的生活。
- 中国人没有勇气去追求他们认为正确的事情，他们缺乏勇气去把真理化为实践。

- 中国人习惯接受廉价和免费的事物，很少有中国人明白威望和成就是通过一步步努力的工作和牺牲实现的，不付出就没有所得。
- 由于技术落后，管理失败，中国制造的单位能耗要比美国、日本高出很多。
- 由于中国文化不鼓励敢于冒险，所以中国人极力避免冒险，他们也不想寻求机会来改善自己的生活。
- 中国可以培养出大批的高级人才，但却很少培养出合格的可以独立主持的管理级专家。

……

这些评价显然充满恶意，并不客观，但仔细分析，我们从中不难看出一些人不能够以正确的客观的心态来面对我们存在的某些问题。据说《丑陋的日本人》的作者因为该书的出版在日本成为了民族英雄，而我们什么时候能够正视我们的缺点，以一种成人的、成熟的行为方式来对待别人和自己，具备一种大国的心态呢？

以上这些观点虽然是片面的，但却说明：在全球化的时代，中国的崛起必将带来世界的关注，带来世界经济、文化、价值观格局的变化，中国的真正崛起将影响到世界的方方面面。真正的崛起意味着我们必须有高质量低成本的产品，有先进、高效的企业管理模式，有激励每一个社会成员发挥自己最大潜力的体系，有公平、正义、文明、向上的价值观，所有这些构成了我们的软实力和硬实力。只有具备这些能力我们才能引领世界的发展，实现中国的真正崛起。我们必须勇于直面我们的不足，积极应对这些挑战，实现中华民族的伟大复兴。

在和平年代，企业的崛起是关键。企业崛起的背后是管理模式的创新。20世纪80年代，日本产品风靡世界时，日本企业的管理模式也引发了世界各国企业的学习。日本企业的全面质量管理、企业文化、精益生产等概念和模式得到了全世界企业的广泛认同。中国企业想要崛起，必须形成具有我们自己特色的、高效率的、值得别人模仿和学习的方法与模式。因此探索、创新我们的管理方法，形成具有中国特色的管理模式，是中国企业家无法回避的事实，而实现管理创新的基础就是要了解、熟悉、掌握和应用管理的基本规律。在这方面，中国的企业家还有很长的路要走。

管理的迷惘

改革开放后，西方的管理思想就涌进了中国。当时的中国人对市场经济还一无所知，并如饥似渴地学习市场经济与现代企业管理的知识。但是西方的管理体系是建立在西方的文化基础之上的，当引入中国之后，我们发现多少有些水土不服。

进入21世纪，我们又开始思考如何将西方的现代管理知识和中国的传统文化结合起来，走出一条具有中国特色的企业管理之路，实现中国企业的持续高速发展。国学热开始在神州大地流行，捧红了一批学术"超女"和"超男"。有些人根本不懂企业管理，甚至对国学与现代企业管理的基础相矛盾的事实都不理解，却把国学变成了一种商业的工具，一种赚钱的工具。如何与企业管理结合都说不清楚，这样的国学热又怎么能够发挥有益的作用呢？

很多企业家、管理者、学者都捡到了西方管理体系的一些碎片，他们认为自己掌握了企业管理最核心的知识和能力，并且不断地强调自己的这些碎片是企业管理体系中最核心、最重要的部分，这就是中国企业管理的现状。于是我们看到：有人认为六西格玛管理最重要；有人认为平衡计分法是最有效的管理方法；有人认为中国企业整体水平很低，需要的是基础化管理、制度化管理、数量化管理，其他的现代管理方法都离我们的工厂太远；有人认为日本企业的精益化管理很成功，必须注意细节，于是细节决定成败风靡一时；有人认为，老板的决策很正确，主要是员工的执行力不好，于是想方设法给员工吃加强执行力的药丸；有人认为华为、联想、万科等企业的成功，都是缘于半军事化管理，因此在企业中推行军事化管理，并希望以此让员工没有任何借口，像军队一样具备执行力；有人认为企业流程再造，需要通过各种软件系统来支持，上几套企业管理的软件系统，企业的管理水平就上去了；有人认为建立学习型组织很关键，但很多人对学习型组织的概念及内涵都不清楚……

当企业文化的思想传入国内后，国内的企业又兴起了一股企业文化的热潮。无论是国有企业还是民营企业都开始建设自己的企业文化，有的企业对企业文化还没有真正理解，就将所谓的文化当成制度来推行；有的只是流于形式，编编刊物，搞搞文艺活动就认为是企业文化，这样的企业文化其效果可想而知，而且想用企业文化来解决管理的所有问题也是不可能的。

国内一个著名企业家说过："20 年前，中国企业家不看西方管理的书籍，那是无知；20 年后，还只看西方管理书籍，那是无能。"这句话反映了中国企业家的一种心态，有一部分企业家拿到了一些管理的碎片，但是就想凭着这些碎片来管理，成功的可能性便可想而知！

要想把破碎的东西组合起来，必须有一个修复的原则，或者说是心中要有一个预期的景象或目标，没有预期的景象，就无法复原东西的原貌，有可能会复原出一个错误的体系，因此修复的原则是至关重要的。

的确，每个碎片都带有这个物体的DNA，但是要提取出DNA绝非易事。我们很多管理者，都是抱着一些碎片在研究，有的人认为自己能够提取出管理的DNA，过高估计了自己的总结实践能力，有的人甚至认为自己掌握的碎片就是管理的核心，他们认为自己所掌握的就是管理的核心或者是管理的真谛，过分夸大或宣传这个碎片的重要性，忽略了管理的整体性，忽略了管理的基本规律，对现代管理知识的应用是不完整、不全面的，其效果肯定存在问题。

以上的种种管理方法和管理热点所解决的都是企业管理的某一个方面或管理体系中的某一个环节，都只是摔碎的整体体系中的某一块碎片，我们缺乏将这些碎片组装起来的基本原则，我们缺乏一种对现代管理的整体感，所以我们需要探索管理背后的基本规律。

改革开放30年，西方的管理方法可以说几乎被中国的企业家试了一遍，虽然中国的企业得到了长足发展，但我们的企业家却在企业如何从“大”变“强”的道路上遇到了瓶颈。我们的企业家感觉到西方的管理理论始终不能和中国的企业融合在一起，除了流水线生产管理的模式和广告营销的模式对中国企业发挥着重要的作用以外，其他方面的西方管理方法总是难以和中国的企业和员工融合到一起。

这时，中国的企业家想到了中国的传统文化，希望用中国的传统文化来解决西方管理方法和中国特色的融合，希望用中国的传统文化来发展现代的管理模式和方法。于是各种国学班一哄而上，中国传统文化的修炼方法让中国的一些成功企业家感受到自己修炼层次的提高，因为企业家认为是自己的修炼带动了企业的成功，体现了自己修炼的水平比别人要高，而且也符合中国传统的格物、至知、诚心、正意、修身、齐家、治国、平天下的个人修炼提升路径。

但是，中国传统文化过于宏观，难以对现代企业的管理进行直接的指导。中国目前企业的管理状况是西方的现代管理与中国传统文化理念的初步结合，还没有成功的理论和实践将这两方面融合起来。

虽然中国企业管理发展到今天，我们已经成为世界制造大国，我们的管理者多了一份从容，多了一些经验，但我们还不是世界制造的强国，我们对企业管理的迷惘仍然没有减少。

企业管理者需要领导力，同时又需要员工具有执行力。我们究竟是互相指责对方的不足，要求对方提高呢？还是有其他的结合点，使企业共赢呢？

企业的价值观和企业的文化是非常重要的，但是当我们经过了一场形式化的企业文化风潮以后，我们对企业文化的认识又提高了多少？又有什么更好的、更具体的建立企业文化的方法呢？

团队建设热极一时，团队训练甚嚣尘上。训练的目的就是员工听话吗？听话就具备执行力了吗？这些团队训练的真正结果又是怎样呢？

实现增长方式的转变是中国企业由大到强的关键，这种转变最根本的就是创新。创新是企业发展的动力，于是很多企业管理者都把创新挂在嘴边，都想建成创新型企业，但是很多人对如何真正实施创新，在概念上和方法上却都不清楚。

面对这些问题，无论是企业的管理者，还是企业的员工都处于一种迷惘的状态，这些管理理论、管理方法都有道理，实行起来也都有一定的效果，但是我们并不清楚自己采用这些理论和方法的依据是什么？因为它们是一种潮流，别人都用所以我们也要用；因为偶然的机会碰到了，试一下也不妨；因为教授在EMBA课上介绍这是来自某国的最新成就，世界500强的企业都用，我们也要用……也许这就是我们迷惘的原因！

2004年9月的《财富》中文版上刊登了一篇文章，名字叫《管理怪潮简史》，作者是Geoffrey Colvin。在这篇文章中，作者既幽默又精辟地分析了在过去50年里，世界500强的企业在追逐各种新的管理方法中的各种表现，让人怀疑到管理究竟有没有一定的规律可以遵循？作者在文章中写道：

> “如果你从未深入了解过现实中的某家企业，你也许会想，管理者不可能轻易就相信那些荒谬的风潮。商人一定都特别循规蹈矩、意志坚定，恒定不变地追求股东价值。可是，这么想实在荒唐。管理者也是人，而对大公司来说最为恒定不变的是，在保持赢利和实现持续增长过程中永远都会遇到巨大的困难。每当遇到一种声称可以实现这些目标的貌似合理的想法，管理者可能纷纷采用，对此你不能怪他们。”
>
> “……不管怎样，只要别人都实行了某个思想，你也要面临着采纳它的巨大压力。如果事实证明这个思想很不错，那再好不过。但如果事实证明它很愚蠢，会有很多人和你同病相怜，你的结局不见得比竞争对手差到哪儿去。在和你同病相怜的人中，绝大多数是和你干了同样的事儿的首席执行官。他们

的情绪该有多激动呢?"

这篇文章所描述的正是企业管理中使管理者迷惘的现象。我们也许会感觉到，能进入世界500强的企业，应该都是具有超大的规模，具有几十年甚至上百年的历史，他们积累了众多的管理经验，应该具有自身独特的核心竞争力，能从容应对市场变化。如果他们都跟随管理新思潮而不断变动，那么仅仅经历了20多年市场经济的中国企业可能会变动得更快！而那些中小企业是否会在管理思潮的变化中学习得更快，变动得更快，倒闭得更快呢?

探索管理发展规律的方向

我们对企业管理的基本规律认识还不够深，缺乏全面的、系统的了解。

事实告诉我们，每个人只能用吸收和理解过的知识来指导自己的行为和工作。无论他学过多少知识，只有他理解的、懂得的、会利用的知识，才能够去使用。佛学中也有一种境界称为“悟”，只有自己悟到，才有可能领会，也才可能应用。人们将知识进行归纳和总结，变成能够指导自己行动的内容，才叫掌握了这些知识。对于企业管理者来说，也是同样的道理，他们需要不断地学习各种知识，做到真正理解并能够在实际工作中应用。在现实中，管理者不可能像一本百科全书，能够熟悉并且应用的也许就是在几个重要的方面，这其中掌握管理的基本规律和基本原则是最重要的。

- 管理中是否有一种规律能使我们坚定不移地向某个方向走，不被各种潮流所左右。
- 管理中是否有一种规律能让我们定位企业的发展阶段，并指明未来的发展方向。
- 管理中是否有一种规律能够把变化的东西和现有的管理体系相结合，使我们清楚变化的原因，使企业适应这种变化，更好地达到企业目标。
- 管理中是否有一种方法可以判断新的管理方法是否适合企业现在的发展状况，引入后对企业能起到什么作用。

虽然亨利·法约尔说："在管理事务中不存在僵死不变或绝对的东西，一切都是个比例问题。"查尔斯·佩罗也曾说："为寻找科学管理方法的真正缺点，你必须向后退一步，检查大多数方法中的基本缺陷——试图阐述运用于所有组织的原则。"但是我们仍然希望有一种原则，能够作为企业管理工作的基准和判断标准；能够让我们依照原则不断改进管理工作；能够让我们在管理工作中遵循规律，而不是随潮流而动；能够让我们明确管理工作前进的方向，帮助我们找到管理的差距；能够帮助我们定位企业管理的发展阶段，使我们可以采取措施，向组织管理的更高阶段发展。

第二章

读经典找规律

组织实现目标需要效率。效率来自于组织资源的合理配置，而人是实现资源配合的关键因素。怎样做好团结，很多人并不清楚，而团结的发展需要经历一些阶段。对部分中国企业领导人的调查显示，他们在管理中有一些“短板”，体现在形成组织的整体以及激励员工的创新方面，这为我们寻找管理规律提供了方向。

探索企业管理的规律

分清组织与个体的关系

组织是由个体组成的，但是组织在形成后，似乎就有了独立的生存能力。俗话说“铁打的营盘，流水的兵”，似乎组织就是一种铁打的营盘，是一种坚固的、永久生存的组织体系，而组织中的个体是可以像“流水”一样随时变动。营盘是什么？是组织结构图？是组织中的各种岗位和职位？是组织中的权力地位、层级关系？是组织的规章制度？还是其他？

组织不依赖某个个体，组织具有较强的独立生存能力。在组织中个体很渺小，渺小到可以忽略不计。虽然组织是由个体组成的，但组织一旦开始正常运作后，组织就强大起来，缺少某个个体，对组织整体的影响不大，组织可以及时补充和更换某个位置上的个体，使组织的整体不受太大的影响，这就是韦伯总结的官僚体系的最大作用。在西方企业中可以经常换 CEO，企业的最高管理者都可以随时更换，何况是企业中的普通员工了。企业都有所谓的正常流失率，企业必须不断补充各类流失的员工以保证组织的正常运转。

《财富》杂志每年都评选全球最受赞赏的公司，其评选标准的第一条就是“吸引、发展、留住人才的能力”。《财富》杂志还评选过福利最好的企业，最适宜工作的企业，这些提供高福利的企业总是得到一片赞许的目光。作为一个追求利润的经济组织，提供额外的福利似乎违背了组织追求利润最大化的目的。为什么还有很多企业愿意这样做呢？

在计划经济时代，中国的企业对于其员工也是要全面负责的，工作、生活、学习、进步都在企业的安排下进行。“有事情找组织”是那个时代的基本原则。其实在企业高福利措施、企业对员工全面负责的背后，体现的是组织和企业对员工的一种保护。

在美国大片《拯救大兵瑞恩》中，讲述了美国作战总指挥部为了营救一位普通士兵而组织了一个小分队，虽然整个营救行动可能会牺牲更多的士兵，但是营救这个普通士兵的意义，体现的就是组织对每个成员保护的态度，是一种组织的价值观。

为什么个体会加入组织呢？

马斯洛的需求层次论为我们提供了基本的指引。马斯洛告诉我们，人的需求是分层次的，从生存、安全、社交、尊重到自我实现是大部分个体的需求层次，这些需求层次还有一个很关键的特点，个体需要高一层次的需求来刺激和激发个体的动力，低一层次的需求满足后，就不会对个体产生激励作用。

个体加入企业组织的目的就是为了逐步实现这些需求层次的目标，最终实现个人自我实现的价值。但实现这些需求，只靠个人奋斗和努力是不可能完全实现的。个体必须加入组织，利用组织整体的力量，在实现组织目标的同时，实现自己的目标。

组织需要吸引个体来参加和形成组织，利用个体的集合力量来实现组织目标。如何来吸引个体，马斯洛的需求层次论也为组织如何吸引个体提供了基础。组织需要为成员提供逐步上升的需求目标。组织还要提供一种稳定的环境和状态，保证个体能够沿着需求的台阶上升，马斯洛的理论还告诉我们，当低层次的需求满足被破坏后，个体会重新返回到追求低层次需求的层次上。

因此组织为了吸引个体，必须满足个体的部分需求，还必须具有提供一种稳定的需求的能力。从这个意义上来说，组织是为成员提供了一种综合的保护。这些保护在于为组织成员提供从生存、安全、社交、尊重到自我实现的一种环境，特别是一种稳定的、可见的、可持续的环境。首先，组织会利用自身的体系和能力帮助组织成员解决生存和安全的需要，然后解决社交和尊重的需要，同时，自我实现必须要有个体的自觉努力。

因此，组织不只是为个体提供实现目标的机会，还要有保护个体实现这种目标的能力。从这个意义上来说，组织不是对个体无所谓或不重视，而是组织要为成员提供一种全方位的保护，才能够赢得个体的参与。

通过上面分析，组织保护个体是为了联合个体实现组织的目标。组织按照实现目标的要求对个体进行分工，最后联合起来共同完成组织的目标。个体按照组织的分工，做好本岗位的工作，最后各种工作在组织规则指导下汇总，最终完成组织的目标。

个体对组织能发挥什么样的作用呢？

首先个体构成了组织，正是个体联合起来才能实现组织的目标。但我们从上面的分析中看到，一旦组织运作起来，似乎每个岗位的个体都可以更换，单个岗位的个体似乎对组织的整体影响都不大。从这个角度看，组织没有必要为个体提供保护，因为个体可以随时更换，因此不需要提供太好的待遇和其他福利，甚至不需要遵守马斯洛的需求层次论为个体提供过多的实现需求目标的环境和条件。

在分析组织发展的过程中，个体还有一个很重要的作用，就是通过个体的创新来带动组织的发展。组织从它的创立开始，每一步发展都是个体创新的作用带来的，创立组织的人，就是通过自己的创新形成了一个组织，组织的每一步发展都是通过组织成员的创新带来的。这种创新既包括组织成员在本岗位工作上的改进，也包括实现革命性的创新，从而带动企业实现一种根本性的改变。组织的管理者需要创新，组织的普通员工也需要创新，组织往往不知道这种创新会从哪里产生，会由哪个员工来提出，因此组织必须保护每个员工的积极性，并为他们提供能够创新的环境。

因此，个体对于组织来说是非常重要的，或者说是不可或缺的。如果组织忽略了个体创新的重要作用，就会伤害个体创新的积极性，只完成表面上组织规定的一些基本工作。缺乏成员主动性和积极性的组织，就失去了生机和活力，很难继续向前发展，最终就陷入僵化的状态，这就是大企业病和官僚主义。

个体对组织的另一个重要作用就是创新，个体的创新会带动组织的发展。

个体的创新作用对组织的发展是非常重要的，一些关键创新的人才可以带领组织发展到一个新的阶段。

在企业的发展中，我们看到一个企业的脱颖而出背后一定是有一个特殊的人，就像苹果的背后就是乔布斯。创新使企业发展壮大，企业的后续发展往往也需要在关键时期发现创新人才，这样，企业才能一步步发展壮大，最后做到基业常青。

如何提高组织的效率

组织成立就是为了实现组织的目标，而实现目标需要效率。特别是在竞争的环境中，没有效率的组织是无法生存下去的。

组织实现目标一般有两种方式：一是拥有比较充裕的资源，通过粗放的使用资源来实现组织目标。这种实现目标的方式往往伴随着资源浪费，效率低下，就是我们常说的粗放化经营，只知道通过扩大再生产方式，通过投入更多的资源来实现组织的目标。二是科学合理的调配资源，甚至在资源短缺或不足的情况下，充分高效地利用资源，仍然保证实现组织的目标。这种方式体现了效率，用最少的资源实现组织的目标是高效率的。在现实生活中，由于企业实现组织目标所拥有的资源几乎都是有限的，提高资源的利用效率是人类进步的衡量标志，人类在进化过程中，通过使用工具，效率越来越高。这种方式就是我们常说的精益化生产方式，在实现同样的组织目标时所用资源最少，在使用同样多的资源时产出更多。

组织管理追求的就是实现目标的效率，当我们热衷于上规模、铺摊子来扩大产值时，我们需要反思的就是追求单位产品的价值或利润并减少其能耗。节能减排的核心含义就是通过提高资源的利用效率，用更少的材料、更低的能源消耗、更少的污染排放来生产出更多、更好的产品，获得更大的利润。

组织实现目标需要资源，简单的分析这些资源（包括人、财、物三个方面），对这些资源的合理配置和使用体现了效率。任何组织在这三个方面的资源都是受到一定限制的，特别是在倡导节能减排的今天，在人类可持续发展的共同要求下，我们对人、财、物的使用更要注重节约和充分利用。企业管理的作用就是要最大限度地利用能够获得的人、财、物三种资源，将它们进行合理的分配和使用，最大限度地发挥这些资源的配合效果，使组织想要达到的目标最大化。

在人、财、物的三种资源中，由于财和物都是固定的，关键在于如何使用人。正如马克思所说的，资金和机器是没有生命的，它们是靠人来操纵的，产生剩余价值的关键在于人。组织的核心就是组织的成员，绝不是组织的结构图。组织中的配合只有两类：一种就是人与人的配合，另一种就是人与物的配合。即使自动流水线上，机器与机器之间的配合，也都是来自于人类的设计，也是人类操纵的结果。

人与人配合的效率，取决于双方的意愿及各自的能力，还有一个重要的因素，就是相互之间的熟练配合的程度。组织是由人组成的，组织如何发挥人的作用，如何调动人的积极性，如何实现合理的分工与合作，如何让组织中分散的个体进行协调配合，并形成相互的合力，这些都成为组织管理的核心内容。因此，资源配置效率的关键是使用资源的人的配合程度。我们可以认为，组织的效率取决于组织中人的整体配合程度。

如何做好组织的配合工作

形成良好的配合也许就是我们理解的团结的概念，团结就是力量，但是怎样做好团结，好的团结状态是什么？我们并不清楚。

- 团结是否就是牺牲自己。
- 团结是否是成员有心做好就可以形成好的配合？

大家都知道团结这个词，但对于其真正的含义往往并不清楚，更不知道怎样去做到、做好团结！和谐也是目前最流行的一个词，也体现了中国的传统文化，先有“和”再有“谐”。但是在实际的工作中，“和谐”的基础是什么？怎样才能做到“和谐”呢？缺少一些具体的、可操作性的方法。

这些问题一直困扰着我们。在一次关于团队合作的培训中，我们要求参加培训的四个组（每组5人）各自提出他们认为在团队合作中应该具体做好哪些方面的工作。将这四个组的答案综合后，结果如下（括号中是该项内容出现的次数累加）：

团结（4）、和谐（4）、互助（4）、友爱（4）、进取（2）、礼让（2）、目标一致（2）、理解（1）、沟通（1）、朋友（1）、取长补短（1）

从这些答案中我们可以看出：

1. 大家对团队合作的概念在理解上是口号重于实际的操作，大家都知道要“团结”要“和谐”，但是对于怎么做到团结与和谐，具体的理解可能就不一样了。“团结”、“和谐”就是要“一团和气”吗？团队的合作并不是为了“一团和气”，而是要更好地完成团队的目标！要完成团队合作的目标我们需要具体的措施。

2. “友爱”、“礼让”、“朋友”、“理解”等都是为了保持一种团结与和谐的状态。

我们认为只有“互助”、“目标一致”、“沟通”、“取长补短”才是团队合作的一些具体的、有效的措施！

团队的合作绝不是为了和气而合作，团队的合作是为了更好地完成团队的目标。从这次讨论中我们也可以看出，我们很多人对团队合作的理解似乎是为了和气而团结，不是为了更好地完成团队目标而团结。这就是我们对团队合作理解的最大偏差。在团队合作中，我们的出发点不是为了完成组织的任务，而是为了保证团队表面上的团结，为了实现这种表面上的团结，我们可以通过“礼让”、“友爱”、“理解”等来放弃组织目标更好的实现。因为在实际工作中，为了更好地实现组织的目标，组织成员会有争论、讨论和发表不同意见的过程，但这种争论的基础是为了组织的未来更好。如果我们为了“一团和气”而在表面上服从，内心不同意，甚至不认真执行，最后受到损失的是组织整体，而组织的成员也会受到损失。这就是我们在团队合作上一直深入不下去的基本原因，很多时候我们的团队合作只是做一些表面的文章。

团队合作中我们需要“让”，但这种“让”是统一在更好地完成组织目标上。对组织目标有利的，个体需要贡献，有时需要牺牲自己的利益——这就是“让”。

在前面的答案中，我们没有看到“平等”。团队合作需要沟通、理解、互助、取长补短等，但这些的基础都是“平等”，只有“平等”才有团队成员的相互尊重，相互信任，才有“朋友”、“友爱”、“理解”，只有“平等”才有正常的“沟通”，才有高效率的配合。

我们也没有看到“分享”。团队合作需要与大家的分享，成员加入团队不是为了牺牲，而是为了实现团队更大、更好的目标，分享更大的成果，所以大家才“目标一致”，才配合协作。如果团队的成果还没有个人努力得到的大，那个人就没有必要加入团队了，更没有必要为了团队牺牲自己。当然团队成员之间也需要分享，所以我们认为形成配合的基础是“平等”，没有平等就没有“分享”，也就没有真正的团结。

团队作为企业组织的最小工作单位，发挥着重要的作用。企业中的团队有大有小，不同的部门，不同的层级，不同的项目都可能形成团队，在现代企业中团队的作用无处不在。团队的效率决定了整个组织的效率。

团队如何获得高效率，与团队的发展有密切的关系。在国外团队发展的研究中，团队发展要经历形成、碰撞、规范、完成四个阶段。如果用机器的磨合来比喻：

形成——就是确定配合对象，组成团队成员。

碰撞——就是配合双方把各自的加工痕迹和毛刺进行接触和破坏，也就是新成员之间会因不熟悉而发生一定的冲突。

规范——就是大量的毛刺在配合中被磨掉，然后通过规章制度来形成规范，规定各自的职责和范围，避免误会和冲突的发生。

完成——就是配合面达到了一种平滑稳定，配合的效率得到了提高，在短时间内不会有更大的改进，从而形成了一种稳定的配合状态。

也许用机器的磨合来形容组织的配合不一定合适，因为人是有思想的，他不是机器零件不会变化，人会随着环境的变化，其思想也会发生变化。团队发展所经历的这四个阶段是团队形成配合的最基本的过程，但从中可以看出整个过程都是为了减少相互之间的摩擦，都是在相互适应，然后加以规定，最后形成良好的配合。这个过程提高了配合的效率，提高了团队的效率，它使团队的成员能够减少相互的掣肘，能够集中、统一大家的力量，更有效率地完成团队的目标。如果组织的团队都能形成高效率的配合，组织中的多个团队之间也能形成高效率的配合，最终组织整体的效率就会提高。

因此，提高组织的效率是有条件的，它需要一个发展的过程，需要成员之间的相互适应，需要组织适当的规范，最终实现组织的一种默契的配合。

托马斯·彼得斯在《追求卓越》一书中关于“鼓励群情的活动”部分写到：“历数表现优异的团体，不论是企业的团体、交响乐团或美式足球队皆如此。这些团体的表现如同自我实现的神话般，人们因为达成某件事而情绪‘激昂’，开始新的表现方式，因而产生更好的结果。‘达到高峰的经验……使得大家热情沸腾，互相交流那种狂喜……大家一起作息……诞生了群英相惜的现象……群众有种唯美忘我的心态。’最后，一种无惧困难的气氛导致实际上攻无不克的成果。”

通过这些描述，我们似乎看到的是一种具有“狂热”状态的组织，组织中员工的积极性和创造性都被调动起来了，大家相互交流、共同作息、惺惺相惜、进入忘我的状态，大家信任这个组织，相信团结的力量，相信他们之间的配合和创新可以克服任何困难。这就是优秀组织、团队配合的最优表现。这样的团队配合中既有相互之间的配合，又有每个人热情的创新激情，是一种在组织整体配合基础上又能发挥个体创新作用的状态，这样的状态也为我们寻找最优的组织提供了线索。

中国企业领导人的“短板”

通过30多年的改革开放，中国企业取得了极大的成功，但是在企业的不断发展中，我们的企业家在管理上也遇到了很多“短板”的问题。Hay（合益）集团曾用两年的时间，对中国数十位企业领导人进行了调查研究，发现他们在管理中有四个方面的“短板”：重于进攻疏于防守、高层团队管理不善、针对本土创新不足、凭直觉而非重思考。

下面从调查中摘录了一些中国企业领导人存在的主要问题：

- 尽管他们认为人才短缺是最大的挑战，却很少在人才培养和组织能力建设上下工夫。同时，中国企业领导人培养下属的能力，明显低于全球企业的领导人。
- 通过研究发现，与欧美企业的领导人相比，中国企业领导人的团队领导能力较弱。
- 中国企业的高层团队最大的问题是合作与信任。
- 研究发现，与印度和全球企业领导人相比，中国企业领导人并不具备大量创新的行为或领导组织创新的行为。
- 很多中国企业领导人在处理信息进行决策的时候，更偏好从直觉出发，而非倚重深入而周密的战略性思考。

分析这些问题，我们可以看出：

"重于进攻疏于防守"——反映企业整体配合不好，就像足球比赛一样，一支球队要想取得好成绩，必须是攻守兼备，攻守平衡。它反映了组织或企业的整体配合和协调能力不够，往往是顾头不顾尾，不是一个协调的整体。

"高层团队管理不善"——体现了高层团队还没有形成好的配合。中国企业领导人领导风格是典型的"家长式"，主要表现形式是"恩威并重"。高层团队都无法形成合力，不能相互信任，企业的员工更无法形成合力、相互信任。没有合作与信任，一个组织就不能形成整体的力量，在竞争中失败是必然的。

Hay 曾与哈佛大学共同研究高层团队成员之间高度的合作和信任对于公司的战略制定和执行至关重要。研究表明，上述高层团队的问题很大程度上是由中国企业领导人的领导风格所决定的。

- 决策“凭直觉，拍脑袋”。反映出有些中国企业领导人不能发挥和调动企业中员工的积极性和创造性。老板往往只相信自己，不相信下面的员工和管理人员，总觉得自己是最强的。这样的思想不能与员工建立信任与合作，也无法凝聚全体员工的力量，无法形成企业整体的力量，这样的企业是无法持续发展的。

- 创新不足。中国的企业老板认为自己是最高明的，所有的创新都应该由他来提出或产生，如果别人的创新比他好，他的地位和权威就会觉得受到了打击。由于这种思想的指导，中国的企业很难产生好的创新，好的创新不是被老板限制了，就是被老板贬低了，员工的创新就这样被压制了。

通过以上的分析，我们很清楚地看出，中国企业领导人的短板都是因为在如何形成组织的整体以及如何鼓励员工的创新方面体现出来的，这也为我们寻找管理规律提供了方向。

案例分析

有很多经典的管理书籍总结了企业管理成功的原因，并得到了很多学者、管理者和广大读者的认可，这些书籍从不同的方面总结了企业成功的经验、卓越的经验、常青的经验，通过这些经验的总结可以指导我们寻找管理的规律。

“长寿”公司的成功经验

荷兰皇家壳牌公司曾经专门挑选世界500强的公司进行研究，通过对“长寿”公司进行反复的比较和研究，总结出这些“长寿”公司的成功经验，并写出了《长寿公司之道》一书，该书的作者迪格在书中得出这样的结论：企业不是机器，而是和人一样的生命体；公司的活力决定于员工干部的学习能力。

书中提到，“长寿”公司稳步发展的要诀是懂得“群居”和“容忍”。“群居”是指保持统一意志的生命共同体；“容忍”是表现在财务上的保守。

这本书对于“长寿”公司的经验总结是：

1. 对环境保持敏感的反应；
2. 公司员工有强烈的认同感；
3. 以宽容的政策对待新生事物；
4. 采取稳健的财务政策。

企业是一种生命体

生命体就是一种活的整体，生命体的各部分、各器官是既分工又合作的关系，它们相互独立又相互依存，如果将各个器官分开，器官和生命体都将死亡。生命体中的器官并不是简单的组合，它们的组合形成了生命，具有一种质的飞跃。它们通过生物的进化而形成了默契配合的整体，以保证生命的延续，完成生命的目标。企业各部分的组合也应该形成这种质的飞跃，形成各部分的有机配合，最终使企业的组织整体能够

“活”起来，使组织整体的配合出现一种质的变化。简单地说：这种配合不是1+1=2，而是1+1>2。

企业的活力取决于学习能力

组织需要学习个体创新所带来的新技能，只有组织整体学习新技能，才能使组织整体都掌握这种新技能，从而提高组织整体的效率。

学会“群居”

“群居”是指保持统一意志的生命共同体。组织要学会形成整体，这不是一种组织结构图的整体，而是一种类似于有生命的整体，“群居”需要互相协调和配合，为完成共同的目标而奋斗。“群居”就是保持企业整体的一种方式。

学会“容忍”

“容忍”就是要以组织的整体为重，保证组织整体的完整和安全，减少对组织整体损害的风险。“容忍”也是保持“群居”的一种方式，为了形成配合，你必须忍受不同的习惯和方法，甚至要割舍一些自己的爱好，以换取一种友好的合作，这也是形成组织整体配合的基础。

人类社会的环境是不断变化的，企业作为一种社会的组织，必然是处于一种变化的环境之中，企业必须适应环境的变化，否则就会死亡。曾经统治地球的恐龙就是因为环境的变化而灭绝的，“温水煮青蛙的故事”提醒我们渐变的环境使企业失去了警惕！对环境的变化要保持一种敏感的反应，不能够适应环境的变化，最终将导致企业不能长寿。

组织靠个体的感知，靠对个体感知的关注和支持，才能保持敏感的反应。环境的变化总是首先被一些特殊的个体所感知，组织的大多数成员并没有感觉。这时的组织要对个体的感知保持一种高度的关注，要密切注意这种感知的变化；同时组织还要支持对这种感知的反应，而不是忽略和不予重视。

组织靠什么去适应变化？靠组织对个体创新的学习，提高整个组织整体的技能，才能适应环境的变化。个体对环境的感知会形成对变化的反应，这种应对的反应就是一种创新。组织必须学习这种反应，从而提高整体组织应对变化的能力。

从这本书中我们看到："长寿"组织需要通过个体的创新来带动组织的发展，同时组织也要通过整体的学习，吸收个体的创新，提高组织整体的效率。

公司员工具有强烈的认同感。表示组织形成了协调配合的整体，只有形成整体的组织，员工才会去关心它、支持它、帮助它，希望它能够长远地发展下去。

以宽容的政策对待新生事物。组织的发展伴随着变化，任何一种变化都是由新生事物引起的。新生事物就是创新的一个部分，如果一个企业不能够容忍新生事物，不能够鼓励或容忍创新，将得不到新的发展，这样的组织是不会长寿的。组织必须去创造条件、环境、气氛来鼓励和保护创新，利用组织整体的配合和整体的力量来支持创新，这样的企业才能长寿。

通过以上的分析，我们可以看出："长寿"企业必须遵循的经验，都与形成组织的整体和发挥员工的创造性有密切的关系，也体现了管理的规律。

《追求卓越》中杰出公司的八大特征

托马斯·彼得斯在《追求卓越》的管理名著中总结了杰出公司的

八大特征：

1. 采取行动；
2. 接近顾客；
3. 发挥自主性以及创造精神；
4. 通过人来提高生产率；
5. 建立正确的价值观，积极实行；
6. 做内行的事；
7. 组织单纯，人员精干；
8. 宽严并济。

从这八大特征中我们可以看出："通过人来提高生产率"、"建立正确的价值观，积极实行"、"组织单纯，人员精干"、"宽严并济"等特征都与企业的组织建设、组织的协调配合有直接的关系。

通过人来提高生产率

企业各种工作由员工来完成，员工要完成企业内的各项工作就需要分工和协作，需要形成整体的配合。形成组织的配合取决于人，组织的效率最终也取决于人。

建立正确的价值观，积极实行

建立正确的价值观是企业形成整体配合的基础，价值观就是判断正确与错误的标准，相同价值观的人更容易形成团队配合。正确的价值观是推动组织向更高配合阶段发展的有力武器。

组织单纯，人员精干

使组织更容易形成整体的配合，避免层级过多导致官僚主义的影响。单纯的组织结构有利于员工的平等，有利于员工的沟通和交流，有利于员工形成默契的配合，有利于组织向更高的配合阶段发展，同时也有利于组织的创新。

宽严并济

既有组织基本规章制度的严格执行，也有基本规章之上的宽松的环境，这种管理模式是为了创造一种良好的环境，使企业的员工形成整体的配合，并在此基础上开展创新活动。

从八大特征中我们可以看出："采取行动"、"发挥自主性以及创造精神"、"通过人来提高生产率"等特征，体现出了企业所倡导的不断创新的精神，在企业中形成一种有利于创新的环境和气氛。

采取行动

工作中不热衷于制订完美的方案，而是快速进行试验。积极发挥小团队的作用，在实践中摸索创新。

发挥自主性以及创造精神

组织努力培养创新的天才。在组织中建立鼓励冒险，不限制创新，不怕失败的环境和气氛。

通过人来提高生产率

组织号召每个员工都发挥出创新的热情，鼓励企业员工人人参与创新。

这八大特征，一部分是表明组织形成了一种整体配合的状态，一部分是表明了组织创新工作的状态，这也体现了组织管理的规律。

对《第五项修炼》的应用与分析

彼得·圣吉的《第五项修炼》一书，曾经轰动一时，该书提出的建立学习型组织成为现代企业发展的方向。我们来回顾一下这五项修炼的内容：

第一项修炼：自我超越。学习不断理清并加深个人的真正愿望，集中精力，培养耐心，并客观地观察现实。

第二项修炼：改善心智模式。“心智模式”是根深蒂固于心中，影响我们如何了解这个世界，以及如何采取行动的许多假设、成见，甚至图像、印象。

第三项修炼：建立共同愿景。建立全体员工认可的共同愿景，激发员工潜力，共同完成伟大的目标。

第四项修炼：团体学习。集体智慧高于个人智慧，团体拥有整体搭配的行动能力。当团体真正在学习的时候，不仅团体整体产生出色的成果，个别成员成长的速度也比其他的学习方式快。

第五项修炼：系统思考。系统思考强化其他每一项修炼，并不断地提醒我们融合整体能得到大于各部分加总的效力。

分析这五项修炼的过程，我们可以看出：

- 自我超越是对个人发展的突破，突破自己的限制，不断学习和创新，不断追求新的目标。
- 改善心智模式是打破我们的习惯性思维，用一种新的观点和态度来了解世界，用新的交流方式来获取新的信息。
- 建立共同愿景是指使组织的成员形成一种共同的目标、价值观和使命，通过愿景来凝聚和激励组织的成员。
- 团体学习是为了提高组织整体的力量，使团体的智慧高于个人的智慧，达到团体拥有整体配合的行动能力，体现出团体整体的力量。

- 最后是系统思考，将前四项修炼统一和集中到一个目的和方向上来，这就是为了得到一种整体的力量。“融合整体能得到大于各部分加总的效力”就是对五项修炼最终目的的总结。

通过分析我们可以看出，五项修炼所经历的过程是对个人限制的突破；扩大交流的方式；形成共同努力的目标；通过团体的学习推动团队整体水平的提高；最后通过系统的思考来形成一种整体的力量。这是一个从个人到组织的历程，也是一种从分散到整体的过程。从这个过程中我们可以看出五项修炼的目的就是为了最终形成组织整体的力量，就是“融合整体能得到大于各部分加总的效力”。彼得·圣吉最后的总结充分体现了这五项修炼是一种形成整体力量的方法和措施，通过逐项的修炼并将这些修炼整合起来，最终就能提高组织整体的力量。

彼得·圣吉在《第五项修炼》中提出了学习型组织的概念，得到了管理界的一致认同。这五项修炼为现代组织的发展指出了一条道路，同时他所提供的一些方法有利于组织的改进和发展。方向很明确，前景也不错，但怎样实现和达到学习型组织的状态，仍然不清楚。所以很多企业在具体实践过程中，仍然不得要领。这也造成了目前的状态：到处都在宣传建立学习型组织、建立学习型城市、建立学习型社会等，都只是宣传得多，取得成效得少，并且没有评判的标准。

前面的分析告诉我们，学习型组织就是为了形成组织的整体。通过学习，促进组织成员之间的沟通和交流，增进组织成员之间的协作和配合，减少了组织成员之间的分歧和摩擦，从而使组织成员之间分散的力量形成一种合力，最终提高组织的整体效率。

学习型组织的关键就是组织学习。大家在一致的目标下共同学习，共同提高，在学习中组织成员通过分享，互相之间传播对学习的领悟与创新，最终提高组织整体的水平。这种整体的水平就是一种成员之间相互配合、相互支持，共同完成组织目标的水平。组织学习不是一种个人独立的学习，也不是为了提高个人的学习，而是一种为提高组织整体能力的共同学习，这种学习与中国古代传统的“三人行，必有我师”的学习是有本质区别的。个体的创新为组织的发展带来了新的方向和方法，而这种个人的创新如何转化为组织整体的创新呢？组织必须经历一种集体的学习，才能掌握个体创新出来的新方法，这就是组织学习的真正内涵。只有组织的成员都学会了新方法，组织的整体效率才会有新的发展。

通过分析，我们可以清楚地看出，学习型组织是为了建立一种整体配合的组织，是为了提高组织整体的效率，是为了进一步推进组织整体配合的发展阶段，为了达到这些目的，要通过建立学习型组织这种形态，通过组织学习这种方式来实现组织整体发展的最终目的。

通过上述分析，我们了解到在寻找组织管理的规律时，我们应该分清组织整体与个体各自的作用，分清组织提高效率的方向和方法，以及了解组织配合是如何发展的，这样才能为我们的组织管理提供指导和建议！

第三章

管理的秘诀

组织个体假设、组织效率假设、组织成长假设，共三个假设构成了组织发展的规律体系。根据组织发展规律的三个假设，我们得到十个推论，可以清楚地辨别管理中的一些错误观点，帮助企业管理者建立正确的管理基本原则，指导企业的具体管理实践。

组织发展规律的三大假设

20 世纪五六十年代，日本产品是劣质货的代名词。日本将产生于美国的质量管理方法引入国内，请戴明博士帮助他们改进产品质量，最终使日本的产品在 20 世纪 80 年代后横扫世界。如果我们简单地认为，日本就是因为采用了戴明的质量管理方法而成功的，那我们的认识就过于肤浅了。

日本人将针对产品的质量管理方法发展成为全面质量管理体系，应用到产品生产之外的企业管理的各个方面。使企业的每个员工都行动起来，消除岗位相互间的浪费，提升相互间的配合，从而使企业的全体员工团结成为一个整体，提高了企业内部整体的效率，这才是日本企业成功的真正原因。他们将全面质量管理作为一种连接和团结每个员工的工具和方法，用于形成企业全体员工的整体配合，从而提高了企业整体的效率，这才是日本模式的根基，是他们成功的关键。

当自身企业内部的效率提高到一个极限后，他们把眼光放到了与企业相配套的供应商身上，在与配套商之间的生产、物流环节上共同减少浪费，提高效率，于是就诞生了精益生产的方式，这是一种相当于扩大了企业自身规模的整体配合，把企业之外的供应商也纳入到自己企业的整体配合之中，获得了更大的整体力量和更高的效率。我们认为是企业整体配合的模式成就了日本产品，成就了日本的企业管理模式。

20 世纪 80 年代，美国产品受到日本产品的全线攻击，日本的经济规模似乎要超越美国，全世界都在学习日本的管理模式和方法。美国管理模式受到严重冲击，美国的世界霸主地位也似乎摇摇欲坠。但是，一场信息革命在美国爆发了，计算机、软件、通信技术、互联网等以数字技术为代表的新兴产业发展带领美国重新稳固了世界第一的位置。基于个人创新为基础，宽松的环境和气氛让各种创意不断涌现，风险投资的金融创新加强了对个人和中小企业的支持，帮助它们成长壮大，可以说是多方面的创新支持美国没有倒下。

日本和美国企业竞争优势的发展促进了我们对企业管理基本规律的思考，管理的规律究竟应该是什么？企业成功的基石又应该是什么？

上一章的分析告诉我们，组织与组成它的个体是一种“谁也离不开谁”的关系，组织在发展过程中需要形成整体的力量，同时组织也需要发挥成员个体的创新作用。如何处理组织整体与个体的关系，正是组织管理应该解决的基本问题。通过对企业组织发展过程的分析和归纳，我们认为一个组织的成功应该遵循以下三个假设：

组织个体假设

个体依赖于组织的保护而生存，组织依赖于个体的创新而发展。组织个体假设明确地分析了个体与组织之间的关系，体现了两个方面的内容：一是个体依赖于组织而生存。虽然组织是由个体联合而成的，没有个体也就没有组织，但是个体想要按照马斯洛的需求层次论来实现自己的各层级目标就需要组织的保护。二是组织也依赖于个体的创新而发展，组织依赖个体联合起来实现组织的目标，并且需要个体的创新，来推动组织的发展。没有个体的创新，组织只能维持现状或缓慢地发展，甚至可能倒退，离开个体的创新组织难以发展。

对于组织整体与个体各自的作用和重要性，一直是组织发展中争论的重要内容之一。“是人民创造了历史，还是英雄创造了历史?”曾经在共和国的发展中引起过讨论，毛泽东同志提出：“只有人民才是创造历史的真正动力!”在这里众多的人民代表了组织的整体，而“英雄”代表了组织中某些个体的创新作用。只有人民群众形成的整体才能创造历史，这就是整体的力量。但组织中个体的创新作用也是无可替代的，“英雄”往往在关键时刻触发、引导、促进历史的进步和改变，失去关键人物的创新，组织的发展将会受到影响。我们看到在人类进步的历史上，重要的发明、发现、变革都来自于少数人的创新，他们提出的新观点、新理论、新方法推动了人类的进步。因此组织中整体与个体的作用是同样重要的。

> 所谓进步，95%是靠寻常的团队合作而达成的。剩下的5%，就是靠不眠不休、自动自发的人，愿意用更新、更好的想法，推翻我们的现状。
>
> ——迈克尔·勒伯夫（Michael LeBoeuf）

这段话很清楚地表明了组织与个体之间的关系问题，组织通过整体的合作获得大部分的进步，组织的进步是一种整体的推进，是全体组织

成员的进步，这种进步所产生的力量是巨大的，组织应用这种巨大的力量来保护组织中的个体。少量的个体通过不懈的努力，不断探索新的方法，来改进现有的组织水平，用新的思想和方法来引领组织的发展方向，带动组织整体的进步。组织通过学习这种新的思想和方法，来提高组织整体的水平，这就是个体创新的作用。这种个体是组织发展的探索者，他们有时要承担巨大的风险。探索太空的宇航员，他们承担起人类探索太空的重任，没有他们的亲身试验，人类就无法获得在宇宙飞船中生存和生活的经验和数据，无法为人类进一步的探索太空提供更多的知识，他们就是人类的创新者。探索未知的世界是人类物种的天性，人类天生具有创新的意识和能力，正是这种创新的意识和能力，使人类有别于其他的动物而不断地发展、进化。

假设一正是对这两者之间的关系作出了明确的区分，分清了各自所发挥的作用，这两者是不可替代且不能离开的作用，过于偏颇某一方，都将会给组织的发展带来严重的损害。

组织效率假设

组织的效率取决于组织成员之间的整体配合程度。组织效率假设表明组织的效率依赖于组织成员的整体配合程度。组织成员配合越好，组织整体产生的合力就越大，组织整体的效率也就越高。组织整体的配合就是要取得众多个体的合力而产生巨大力量和整体的效率，专业化分工和协作就是充分体现出了在专业化的高效率基础上实现整体的更大的效率。只有整体的配合才能完成个体所无法完成的任务，实现个体无法实现的梦想。

在人类进化的历史过程中，早就形成了组织的概念，理解了组织的作用。当原始人类为了获得更多更大的猎物时，人们就必须组织起来进行围捕狩猎，只有多人的共同参与，才能获得更大的猎物。当原始人类联合起来抵抗凶猛动物的袭击时，也需要多人团结起来共同对付袭击，人类的祖先对联合分散的个体形成整体的力量、对分散个体协调配合的作用应该有深刻的理解和体会。团结、协作、联合的思想已经深入人类的基因，并被一直遗传下来。最显著的表现是，当现代人类遇到恐惧的事情时，大家会紧紧地挤在一起，似乎在互相壮胆，通过靠近距离来体会团结的力量。

组织的目的就是完成个人所不能完成的任务。古埃及金字塔的建造，中国万里长城的建造，显示了人类通过组织而表现出来的强大力量。现代科技的发展，类似于发射火星探测器、土星探测器、轰击彗星等人类太空探险工程，更是集中了人类的智慧，是众多的工程技术人员团结、协作、配合的结果，是一个庞大的团队整体运作的结果。这就是整体的力量。

组织的发展需要组织的成员相互配合形成一个整体。整体绝不是一种机构和层级的结构，而是组织中的成员将自己的目标统一到组织的目标上，将自己努力的方向统一到组织要求的方向，为完成组织的共同目标而发挥自己的力量，这样才能成为一个整体，才能形成整体的力量。

专业化的分工是为了更好地实现整体的配合。专业化分工是通过将工作的不同部分进行分工，通过专业的人员、专业的训练、专业的知识、专业的技能、专业的设备和工具来提高各专业部分的效率，最终通过各专业效率的提高来提高组织整体的效率。而将组织各部分的专业协调配合成为一个整体就是一种重要的技能，这就是需要将分散的高效率整合成一个组织整体的高效率，就是管理所要发挥的真正作用。

美国福特汽车公司创立的流水线生产就是一种整体的配合形式，他将专业化分工通过一根绳子联系起来而形成整体，将分散在各工位的高效率组织起来形成了整体的高效率，奠定了现代工业高效率、大规模生产的流水线模式。

组织的效率既取决于各自专业的效率，又取决于对各专业的适当组合，使组织整体的效率达到最佳。

20世纪70年代美苏冷战时期，苏联研制的米格-25喷气式战斗机的许多零部件都落后于美国，但因设计者考虑了整体性能，能在升降、速度、应急反应等方面成为当时世界一流。这个事例说明，最佳整体，不一定是每个最好的个体的组合，而是一些配合最好的个体的组合，即整体之和大于个体的简单之和。

当日本汽车进入美国，给美国汽车工业带来强大的冲击时，美国汽车企业的技术人员发现，单从每个零件的质量来看，美国汽车的每个零件都比日本汽车的零件质量要好，但整体组装起来的效果却没有日本汽车的整体效果好。这正是因为美国的汽车没有从整体的角度来考虑问题，在很多情况下我们需要的是整体的最佳，而不是每个个体的最佳。

在现代企业的管理中，为提高组织整体配合的效率，最重要的就是要使企业的员工具备形成整体配合的思想和技能。因为机器由他们来操纵，工作由他们来完成，员工的思想不能形成整体配合，他们手中的机器和工作也无法形成配合，所表现出来的整体也一定不是效率最高的。

案例分析：

上海通用在中国取得了令人触目的成绩。成绩的背后是团队合作与形成企业整体的配合为基础的。十多年前，《财富》杂志曾采访时任上海通用汽车的经理胡茂元先生，他说："美国人被视为个人主义者，而眼下，就在越来越多的中国人逐渐转向关注个人的自身发展时，美国人却在花费大量的时间建立团队合作的工作方式。在中国，讲求团队合作的历史也不算短了，可是不知什么原因，我们都忘记了去更新这个观念。""是团队精神使上海通用取得了一系列令世人瞩目的成就。"

胡茂元的话深刻地反映了很多中国人和中国企业的一种状态，我们很多人不习惯与人合作工作，不习惯于通过团队来完成任务，喜欢自己埋头苦干，希望依靠个人的奋斗而成功。社会上也曾流行过一句外国人对中国人的评价："一个中国人是一条龙，三个中国人就变成虫。"中国人不会进行团队的合作，这也许和中国的一些传统观念有关系，中国人崇尚"君子之交淡如水"、"鸡犬相闻，老死不相往来"，我们在后面还会仔细分析传统文化对中国人团队合作的影响。

正如上一章的分析，我们都知道团结的口号，但不知道如何进行团队合作。因此我们团队合作的精神没有被重视和倡导，团队合作的方式没有被学习、研究和广泛应用，我们的企业大多数还没有掌握团队合作的技能，还不能发挥企业整体配合的力量。而现代企业的发展依靠的就是组织整体的力量，当我们不会或不懂组织、团队合作的重要性和规律时，我们的企业管理水平是很难提高的。

美国通用和上海汽车工业公司合作时，对于一个刚刚开始改革开放不久，刚刚打开国门，走向世界的中国企业来说，难度可想而知。双方为了能顺利的合作，上海通用的中方领导团体从开始就坚决强调团队的合作，并把这种合作精神与美方的管理层融合起来，形成了一个团结的上海通用领导团队。胡茂元经理和美方总经理墨菲为了更好地推动双方的合作，订立了一个"君子协定"，就是"绝不在公开场合互相批评，如有争论，关起门来吵，不让外人知道；无论两人意见如何相左，相互缄默不得超过两分钟”。这个“君子协定”就是一个高层合作和配合的基本原则。

应该说，这个“君子协定”成为了整体企业团队合作建设的核心。中国社会的传统是一种等级社会，而支撑这种等级社会的是各种派别体系，如老乡体系、同学体系等，体系之间往往进行各种明争暗斗，相互拆台、相互掣肘，相互看笑话，根本无法形成合作。而这种派别的产生往往在于核心领导层不能统一与合作。也就是说应该到这些部门的上级去寻找企业中部门之间冲突的根源原因。因此上海通用与外方的“君子协定”有效地保证了高层领导的团结与配合，为整个合资企业的整体配合打下了基础。

为了更好的合作还订立了“4S”原则：

1. 相互学习对方的文化与实践，取长补短。
2. 以上海通用的利益为重。
3. 规范行为，不仅遵纪守法，而且严格遵守公司的政策规定。
4. 灵活务实，处事灵活，不固执己见，并且积极进取，“解决问题而不是夸夸其谈”。

这些原则并非是包治百病的良药，但它却是一种工作态度，有了它我们的工作会更为快捷。

——原上海通用美方总经理墨菲

正是从高层领导开始的合作精神，才带动了整个上海通用企业的团队合作，而这种团队合作所产生的企业整体的配合精神，为上海通用所取得的成绩提供了基础和保证。

组织成长假设

组织成员配合的程度分为有意识的配合阶段、无意识的配合阶段和有意识的创新配合阶段，每个阶段都在提高组织的效率。组织成长假设表明组织中成员的整体配合分为三个阶段，每个阶段都有各自的特点，表现出不同的效率，也应该采取不同的管理方法。管理的任务就是要使组织尽快向第三阶段发展，并尽量较长时间地保持在第三阶段。管理者的工作就是要明确企业所处的发展阶段，查找存在的问题，采取改进对策，促使企业不断向第三阶段前进。

第一阶段是磨合阶段，组织成员处于有意识的配合阶段。

在机械产品中有一个磨合的概念和程序，就是指新组装的机器，通过最初时期的较轻负荷的使用，把机械接触摩擦面上的加工痕迹磨光而变得更加密合，然后机器才能进入大负荷的使用期。磨合的过程就是磨掉接触双方表面的“毛刺”，使接触面更加平滑，达到相互之间的配合更加合适的状态。如果把磨合的效应放在企业管理之中，说明要想达到完整的契合，需要双方都作出必要的割舍、适当的让步，才能形成协调的配合。

在这个配合阶段，员工之间是处于一种有意识的配合，在考虑自己的同时也要考虑合作伙伴和工作伙伴，要相互熟悉配合的规则和各自的习惯，处于一种小心翼翼、试探的状态。

处于第一阶段的组织是大多数的组织，很多组织在其过程中始终处于第一阶段。人员的频繁变动，制度与规则的不完善，管理者的错误思想导向等都会使组织长期处于磨合状态，这样的组织和企业是无法长时间生存的。磨合阶段是无法承担大负荷的，因为这种组织无法形成一种整体的力量，其效率低下，最终会在竞争中被淘汰。

第一阶段的组织并不只存在于初创阶段的组织中，在成熟组织中进行变革、企业的流程再造、企业方向和目标的重大变化、企业文化和价值观的调整都会使组织回到或者是部分回到第一阶段，企业的部分甚至全部都需要重新磨合，需要重新走上组织发展的各个阶段。当然他们过去的有价值的文化和经验会帮助他们更快地实现组织配合的发展。

第二阶段是默契配合的阶段，组织成员处于无意识的配合阶段。

组织发展的第二阶段是在成员之间形成一种无意识的配合状态，这是一种经过长时间的配合而达到的熟练配合的状态。配合成员之间或部门之间形成一种下意识的反应，感觉不用经过大脑的思考，配合的工作就已经自动开展，这种状态用心理学中的条件反射来解释是最好的。

组织中成员配合条件反射的形成，来自于长时间工作配合的练习和实践，这种下意识配合的形成使组织处于一种更紧密的配合状态，组织配合的反应速度更快、更准确，组织的效率必定更高。

这时组织的成员不用再去有意识地考虑怎样配合？做到什么程度？对方会怎么反应等因素。因为这些对于第二阶段的组织成员都已经烂熟于心，不用考虑就互相知道配合方会有怎样的反应。达到这种配合才真正地形成了组织的整体，其整体的作用才能充分发挥出来。

第三阶段是组织创新配合阶段，组织在第二阶段默契配合的基础之上，依靠创新来提高组织的效率。

组织要依靠成员个人的能力来进行创新，通过个人的创新来带动组织的进步和发展。

创新是做大公司的唯一之路。

——管理大师杰弗里

这种创新需要在组织默契配合的高效率基础上进行，是一种有意识的行为。组织要通过一些“天才”去发现稍纵即逝的机会和机遇，甚至是去创造机会，因为这是一种有意识的行为，组织会高度关注，全力支持和帮助，发现机会就会通过组织的学习转变成组织整体的能力，或者是将这种机会转变成组织的行动，以此在竞争中争得先机。

创新虽然是依靠某些“天才”的个人，但是如果组织普遍推广和号召成员创新，就扩大了创新的基础，可以实现“广种薄收”，从中发现有实用价值的创新与创意。同时组织必须形成一种创新的气氛和文化，有利于调动成员的情绪，激发他们的潜力，使创新能够源源不断地产生。因此在组织创新配合阶段，组织的效率又要高于组织发展的第二阶段，因为组织通过创新获得了更高的效率。

现代世界500强的企业都在强调创新，原因就是他们都想进入组织发展的第三阶段，通过整体基础上的创新来进一步促进和提高组织的效率，使组织效率进入更高的阶段。

组织的发展正是经过这种有意识的配合阶段，达到了一种无意识的配合阶段，最终又发展到有意识的创新配合阶段，这种从有意识到无意识再到有意识配合的过程，就是一个组织实现高效率的必由之路。

第三个阶段的有意识与第一个阶段的有意识是明显不同的，第一阶段的有意识是有意识去形成配合，形成整体；而第三阶段的有意识配合是有意识去开展创新、支持创新，把握和发掘机会，以此把握组织发展的机遇。

组织发展的这三个阶段，主要是指组织的整体配合水平和整体作用的发挥水平，并不是指组织成员素质所表现出来的素质水平。虽然组织成员素质水平也决定企业的整体效率，成员整体素质越高，组织所表现出来的效率也就越高，反之亦然。但是低素质的企业通过整体的作用也可以表现出较高的效率。

处于第一阶段的组织是大多数，他们产生快，消失也快；能够成功进入第二阶段的组织是一些少数，这样的企业会逐步发展壮大，延续的时间也比较长；进入第三阶段的组织更少，这种组织往往会通过创新而得到快速的成长，迅速成为一个名列行业前茅的企业。但是企业不可能长期保持在第三阶段，达到第三阶段的组织也会衰退，企业需要不断努力。

组织所处的发展阶段与组织形成的时间长短没有必然的关系。但组织要达到一定的阶段，是需要一定的时间的，配合、协调需要时间的沉淀。有些组织发展很快，但这些组织也许只能在较低的阶段徘徊，这要看组织成员和管理者对组织发展规律的理解和认识，以及在行动中的应用。

假设三也表明企业的效率取决于组织整体配合所处的发展阶段，要想提高效率，就必须提高企业所处的阶段，使之向更高的阶段发展。组织的效率取决于组织整体配合的程度，整体配合程度越高，组织的效率就越高。配合的程度越高，组织内部的反应速度和对外部环境的反应速度都会越快，组织内部的消耗也会减少，组织成员的目标更为统一，组织成员的力量也会更集中，这些综合的表现使组织效率会不断提高。

案例分析：

IBM 在郭士纳的带领下实现了从制造企业向提供解决方案的咨询企业的转变，做到了“让大象也能跳舞”。为企业发展提供咨询的企业，自身应该对企业发展的规律有比较深刻的了解，只有自身的深刻了解才有帮助别人改进的能力。在 IBM 的一本宣传小册子《IT 客》上，我看到了 IBM 对协作的理解：

> 说到变化，当年我们面对的挑战比这个年代大得多，那时很多企业还没有意识到协作的必要性和价值，我们必须要说服企业去建立一个协作和分享的文化，当时员工对公司的贡献被简单理解为他们个人的知识和专长，因此员工更倾向于“保护”自己的绝活儿。
>
> 再看看今天的这个时代，无数人使用着聊天工具和社交软件长大，分享和协作已经成为一代人的集体无意识需求，所以企业充分且必须要把大家的智慧汇集在一起，把一切变得更好。

协作的本身要靠工具的协作来实现。我们需要多种工具的协作和综合，它们不是简单的叠加，而是相互联系，造成一个“1+1>2”的综合效果，这才是协作的价值和魅力。

同任何事物的发展一样，企业发展的管理过程需要经历不同的阶段。企业的初创阶段是由高层拉动的粗放式管理；成熟阶段，企业需要以体制为核心，由制度拉动实现精细化管理；而伴随企业的成熟和壮大，企业将发展到以组织意识为核心，以文化拉动的简单化管理阶段。这个时候，人的因素就尤为重要起来。在三个阶段中，协作的范围和深度不断扩大，重要性也越来越高。总之，协作就是要为企业内外部的人提供创新的动力、灵感的源泉、知识的分享，使信息和技能得到最大化的利用。

通过这些描述，我们看到了 IBM 对协作重要性的深刻理解。分享和协作已经成为现代企业的基本要求，这种协作就是为了集中大家的力量、集中大家的智慧，把一切都变得更好。这就是让组织、让员工形成一种默契的配合，共同完成组织的目标。当然 IBM 认为要实现这种配合必须依靠多种工具，帮助企业设计新的工作流程，调整企业过去妨碍配合的流程，并通过软件集成系统来实现更为默契的配合。IBM 认为，通过他们设计的流程和软件工具就可以实现员工协作“1 +1 >2”的效果，提升组织整体的效率和力量。

IBM 认为企业的发展要经历不同的阶段。他们提出了初创阶段、成熟阶段和文化管理阶段。其实这种理解与我们的组织发展规律假设的组织发展三阶段是一致的。IBM 认为初创阶段是粗放式管理，即组织配合的磨合阶段；成熟阶段是以体系和制度拉动精细化管理阶段，即组织的一种默契配合的第二阶段；文化拉动的简单管理阶段，即一种组织在整体配合基础上的创新配合阶段。在这三个阶段的发展中，协作的范围和深度不断扩展，协作的重要性也越来越高，我们认为组织发展的三个阶段，组织配合的程度越来越高，组织的效率也越来越高，并且在组织发展的第三阶段，就是通过创新来提供组织发展的动力，提供组织发展的机遇，实现组织和成员的最大化效果。

IBM 对协作和发挥员工的创新作用的理解与组织发展规律的假设一致。

组织发展规律假设的十个推论

根据组织发展规律的三个假设，我们可以得到十个推论，这十个推论可以指引企业管理者的具体实践。

推论一：组织应当为成员提供“保护”，才有利于组织形成整体

组织个体假设告诉我们，组织应该为成员提供一种“保护”，而这种“保护”是指为组织成员提供一种相对安全、稳定、持久的环境。保护成员的生存和安全需要，为成员提供一定的社会地位、声誉，为成员的发展提供一定的路径和渠道，让成员随着组织目标的实现而分享胜利的果实。这些保证措施的实施，有利于吸引成员参加、统一成员目标、帮助成员之间形成配合、推动组织的发展。唯有组织的持续发展，才会给员工提供越来越多的保护。

微软、谷歌都给员工提供了一种宽松的工作环境，甚至可以有20%的时间干自己喜欢的事情。星巴克曾经有一个店被抢劫，并有员工伤亡，董事长舒尔茨马上飞赴现场，安慰职工家属，并为了应对类似事件的发生，星巴克成立了一个专门的救助基金来应对未来可能出现的这类事件，这也体现了组织对员工的一种保护。组织保护员工才能换来员工的全身心投入，才有组织真正的良性发展。

推论二：组织应鼓励个体的创新，并通过组织学习，带动组织整体的发展

组织个体假设还告诉我们，组织的发展依赖于组织中成员个体的创新，组织成员个体的创新带动了组织的发展和前进。因此组织应该鼓励成员个体的创新，形成有利于创新的环境和气氛，引导组织中个体的创新活动。同时组织还要将个体的创新通过组织学习，变成为组织成员集体掌握的方法和技能，从而提高组织整体的技能和效率。

推论三：组织成员只有协作和配合，才能产生更高的整体效率

组织效率假设告诉我们，组织成员应该提升组织的整体效率才能最好地实现组织的目标。唯有组织的高效率，才能更好地实现组织目标，从而使组织获得更大的组织成果，获得更大的整体利益，由此组织中的每个成员才能分配到更多更好的利益。在提升组织的整体效率的过程中，依赖于组织成员之间的协作和配合，减少相互之间的摩擦，加强相互之间的支持。在这个过程中有时必须放弃部分个人的利益，做到求同存异，加强相互之间的协作和配合，发挥出成员各自的长处，才能产生最好的整体效率，取得最好的组织绩效。德国、日本和韩国企业的成功就是一种组织成员协作配合、团结一致，形成整体高效率的证明！

良好的配合是提高效率的最根本因素，形成默契的配合才能减少相互之间的摩擦和损耗，多个个体之间有无数的摩擦点，带来的损耗是惊人的，唯有协作才能减少消耗，最终就是提高组织的整体效率。

我们需要规模的竞争，但真正的核心是效率竞争。我们在转变增长方式，实现产业升级，推动产业从“大”到“强”的过程中，感到困难重重。组织及其成员配合的效率低下才是我们竞争失败的根源。

推论四：一个优秀的组织整体要经过从有意识配合—无意识配合—有意识创新配合的三个阶段，不能跳跃发展

组织成长假设告诉我们，什么才是优秀的组织整体？什么才是协作、配合的最好状态？什么才是真正的团结？这就是整体的形成要循序渐进，从基础的第一阶段开始发展，最终才能达到第三阶段。组织是不能越过某个阶段而直接达到最高的阶段。这个推论告诉我们，整体、协作、团结是有不同状态的，真正的整体是达到第三阶段配合的整体，就是在整体配合基础上的创新阶段。这从根本上让我们理解了什么是真正的团结，什么是最好的团结状态。

推论五：处于不同组织发展阶段的企业，需要采用不同的管理方法

组织成长假设还告诉我们，一个成功组织的发展要经过三个阶段，每个阶段组织的整体配合程度都不一样，组织效率不一样，管理的重点也不一样，每个阶段所要达到的目的也不一样。因此，处于不同组织发展阶段的企业需要采用不同的管理方法。

当大家都认为创新重要时，对你的企业不一定合适，你的企业可能需要的是整体配合，而创新并不是这个阶段的工作重点。三一重工的老总在几年前曾说过：现在社会上所有的先进管理方法都与我们无关，我们需要的就是制度化的管理。对于刚刚从农民转为流水线上的工人，我们更多的是需要他们严格的遵守制度和流程，才能保证产品的质量。

推论六：组织的发展不进则退，不向更高的阶段前进，组织就会倒退

组织成长假设告诉我们，组织的配合要经过三个发展阶段，每个阶段都是在上个阶段基础上的提高。如果组织的阶段不能够向前发展，其配合程度是很难维持的。组织不进步，员工的思想就会产生变化，组织目标就会出现分歧，必然导致组织的配合程度降低。因此组织发展就像“逆水行舟，不进则退”。

配合的阶段是动态的，不是固定不变的。即使其他条件没有变化，组织成员的心态也会发生变化，如成功后的享受心理，不再艰苦奋斗等心态都会影响组织中的配合。

推论七：组织的发展取决于形成整体的配合与发挥个体的创新两方面

组织成长假设还告诉我们，任何组织的发展取决于两个方面：一是对组织中各种要素进行整合，使各种要素能够实现一种有机的、默契的配合，从而使组织（企业）获得比竞争对手更高的整体配合效率；二是组织的发展取决于组织成员个体的创新。组织的发展来源于个体的创新。个体的新思想、新方法是组织发展的基本动力。一个组织想要发展壮大必须从这两个方面来入手，这两个方面对组织的发展缺一不可！整体加创新是组织发展规律假设体系的核心基石，是企业管理的基本面。没有组织整体的配合，就发挥不出组织整体的力量，一盘散沙的组织是不可能实现组织目标的；没有组织中个体的创新，组织就会老化、僵化，逐渐失去原有的生机和活力，等待它的将是死亡。

> 为你的公司寻求朝气蓬勃、锐意进取、积极创新的人才；寻求有着多方面的才华但却愿意在团队中与他人协同奋战的人才。
>
> ——劳伦斯·博西迪

组织只有做好这两个方面的工作，才能达到组织发展的最高阶段，产生最高的效率，发挥最大的力量。

推论八：组织的创新应该在组织整体配合的基础上发挥作用

组织成长假设告诉我们，虽然组织发展的各个阶段都需要创新，但真正的创新应该在组织发展的第三阶段。前两个阶段应该以形成熟练、默契的配合为主，只有在整体形成配合发挥出整体力量的基础上创新才能发挥更大的作用。

推论九：形成组织默契的配合需要成员间长时间的相互熟悉和练习

组织成长假设告诉我们，形成熟练的、默契的配合需要组织成员之间相互了解和熟悉，需要一个很长时间的练习，才能达到默契配合的程度。因此形成默契配合的组织往往是同一批人或者是同一代人，他们可能有相同的经历、相同的价值观、世界观、相同的目标追求等，他们随着时间共同成长，配合越来越默契，最终取得组织的成功。在这个过程中企业文化发挥着重要的作用。

推论十：组织成员的变更将降低原来的配合程度，最好是整批更换

组织成长假设告诉我们，原来配合默契的组织，如果部分成员的退出或者加入了部分新的成员，将会降低组织的配合程度。老成员退出，新成员的加入，需要时间熟悉和练习，才能达到默契配合，但是原有的老成员能够坚持到那个时候吗？新老成员在经历、价值观、世界观、追求等方面的差异，又增加了形成默契配合的难度。

因此，组织的整合最好是成批的更换，让一批新的组织成员重新开始他们自己之间的熟悉、练习的配合过程，这样形成整体配合的速度会更快。

持续创新的本质是与大多数企业的组织规范相冲突的，因为企业通常不希望改变。那些已享受成功滋味的企业对改革的反弹更是强烈。

——迈克尔·波特

组织发展的三大假设和十个推论，组成了一个组织发展的规律体系，我们统称为组织发展规律假设体系。组织发展规律假设体系为我们在企业管理中既提供了基本的指导原则，又提供了具体操作的管理方法。

案例分析：

华为总裁任正非先生是一位非常低调的企业家，我们从来看不到他对华为成功经验权威性的总结。任正非根据华为的发展不断地发表讲话，指导华为的成长，从这些讲话中我们也可以分析华为成功的一些经验。

华为的成功绝不是偶然的。很早以前，任正非就倡导团队合作的精神，他曾说过："企业发展就是要发展一批狼。狼有三大特性：一是敏锐的嗅觉；二是不屈不挠、奋不顾身的进攻精神；三是群体奋斗的意识。"早期的华为在市场竞争中就提倡具有"狼性"的团队群体奋斗的精神。"胜则举杯相庆，败则拼死相救"的华为团队精神，体现的就是一种群体配合的精神。组织发展规律假设告诉我们，组织的效率来自于组织配合的整体程度，唯有形成整体才有集合的力量，才能更好地完成组织的目标。华为早期就注重团队精神，用"狼群"的团队精神来鼓励和要求员工，这正是华为能够发展起来的重要原因之一。

2009 年，任正非提出了"让听得见炮声的人来决策"；2010 年，他提出华为海外发展的"一窝蜂"战略，以及要求中层干部掌握"灰度"的概念。他的这些观点看似没有什么联系，但用组织发展规律假设体系来分析，我们可以清楚地看到其中的联系。

1. "一窝蜂"战略体现的是在海外如何形成团队合作，如何能够集中华为的力量实现目标。

在国际化过程中，华为的国际化团队人员更为分散，在某一个国家或者某个地区，华为派驻的海外人员可能只能有几个或几十个，他们有时很难形成整体的力量。这时，任正非提出海外发展的"一窝蜂"战略就是华为在海外市场的布局和管理，借用了美军全球战略的布局。通过设立相关地区综合服务系统，在地区内部具有较为完备的技术、服务专家，随时为地区内的各个国家的一线销售人员提供"火力支援"；地区之间相互协调和支持，通过地区联系会议进行沟通协调，按任正非的话说就是：迅速集结蜂群，完成任务后又迅速分散的“一窝蜂”战术。以蜂群为单位，蜂群内的团结、不同蜂群之间的团结和融合，相互配合完成对市场的开发、占领和后续服务。这里我们似乎又看到了“狼群”的身影，看到了华为在海外如何构建自己的整体力量，华为就是通过组成“蜂群”，形成“一窝蜂”，甚至“几窝蜂”共同合作的力量，最终完成对某个市场的开发。

合作是一切团队繁荣的根本。

——美国自由党领袖大卫·史提尔

唯有配合和协作才能形成整体的力量，才能发挥组织的力量。可以说团队合作、整体配合是华为成功的基石。

2. “让听得见炮声的人来决策”是发挥一线员工的创新作用。

组织发展规律假设告诉我们，只有团队的合作还不能达到组织发展的最高阶段，只有在整体配合基础上发挥员工的创新才是组织发展的最好阶段，任正非提出“让听得见炮声的人来决策”。很多人并不以为然，认为就是把决策权下放，一个集权与分权的问题，西方的管理学界已经研究了很多年了，没什么新鲜的内容。

任正非从现代战争中得到启示，只有听得见炮声的人才是最了解战场前线实际情况的人，应该由他们来决定是否呼唤后方飞机和导弹的支援，由他们来评估飞机轰炸和导弹攻击后的效果，由他们来清除一些小的或零星的抵抗力量。最了解前线情况的就是这些听得见炮声、看得见炮弹效果的战斗小组，他们的决策才是最适合实际战场情况的。

在企业管理中也是这样，最了解顾客情况的就是企业直接接触顾客的一线员工，他们最了解顾客的需求，听得到顾客的意见，他们的工作态度和行为直接影响顾客的感受，因此，很多决策由他们来作是最好的、最有效果的。

另外，每个员工也不是独立存在的，一线的员工都属于一个小的团队，团队成员之间的相互支持和配合，更有利于为顾客提供优质的服务，也可以应对更多更复杂的市场情况。

因此"让听得见炮声的人来决策"是鼓励一线员工的创新，这是一种在整体团队配合基础上的创新，一线员工最了解顾客的情况，才能提出最有效的创新，也才能使组织发挥最高的效率。

3. "灰度"的概念是要求中层干部学会团队合作的工作方法。

2010年任正非还提出了管理上的"灰度"的概念。任正非说："我们的各级干部要真正领悟了妥协的艺术，学会了宽容，保持开放的心态，就会真正达到'灰度'的境界，就能够在正确的道路上走得更远，走得更扎实。"

我们为什么要有这些综合、妥协、宽容呢？我们为什么需要"灰度"？用毛泽东同志的话来说："就是要团结大多数的力量！"只有团结大多数的力量才会变得足够强大。这就是团队的作用，团结的作用。只有凝聚多数人的力量，才能形成企业（组织）整体的力量，或者说我们得到的整体的力量才会更大、更多。

在得到灰度结果的过程中，任正非强调了"宽容"的重要性。任正非认为：宽容是领导者的成功之道。人与人的差异是客观存在的，所谓宽容，本质就是容忍人与人之间的差异。不同性格、不同特长、不同偏好的人能否凝聚在组织目标和愿景的旗帜下，靠的就是管理者的宽容。

只有宽容才会团结大多数人与你一起认知方向，只有妥协才会使坚定不移的正确方向减少对抗，只有如此才能达到你的正确目的。

非此即彼的思维方式，实际上是认定人与人之间的关系是征服与被征服的关系，没有任何妥协的余地。只有妥协，才能实现“双赢”和“多赢”，否则必然两败俱伤。因为妥协能够消除冲突，而拒绝妥协，必然是对抗的前奏。

从这些经验总结，我们可以很清楚地看出，任正非的“灰度”主要想表达的是一种如何团结大多数人，如何协调具有不同个性、不同价值观的人，怎样发挥他们的积极性和创造性，带领他们实现组织的目标。

任正非指出了管理的核心：管理不能采用“非此即彼”的思维方式，因为人类在组织中的合作不是一种“征服与被征服”的关系，也决不是一种“官与民”、“父与子”、“管理者与被管理者”的关系，而是一种平等的关系，大家只是依据自己的个人能力、爱好、个性而从事不同的工作，本质上人们是平等的。唯有平等才有真正意义的合作、和谐，才能真正发挥出组织中大多数人的力量，这才是团队合作的精髓所在。

没有平等就没有“双赢”和“多赢”，没有平等，冲突就是必然的事情，没有平等最终结果就是两败俱伤，所以平等就是团结的基础，是团队合作的基础。

华为的成功就是华为团队合作的成功，也是华为整体和创新的成功。

组织发展规律假设体系的作用

组织发展规律假设对于指导企业的管理和发展具有重要的作用:

1. 明确企业组织发展的方向和主线，明确企业已经达到的状态和努力的方向;
2. 了解组织发展所处的阶段，了解各个阶段的特点和各阶段企业管理的重点;
3. 了解各种管理方法应用的目的和这种管理方法对整个组织管理的具体作用;
4. 鉴别和评判各种管理方法是否与本企业的发展阶段相适应;
5. 使我们有了一种评判各种管理方法效果的根据;
6. 使各种企业管理方法有机地联系在一起，指向组织共同的目标;
7. 为企业的决策提供一种依据。

在企业管理的过程中，作为管理者会不断地遇到各种管理的问题:需要在工作中抓战略、抓决策、抓执行、抓细节、抓制度建设、抓生产、抓质量、抓市场营销、抓研发、抓人才、抓培训、抓财务、抓信息系统的建设、抓考核和奖励体系的建设、抓客户服务、抓广告宣传、抓企业形象建设、企业文化建设，等等。企业的管理者必须面面俱到、协调好、安排好，任何一个环节出现问题都有可能影响企业的生存和发展。

作为现代经理人，需要面对多种职能，他不可能成为每一个专业方面的专家。当他履行一个管理者的职责时，他需要对企业的各个方面全面负责。因此现代企业的管理者，需要一条主线将这些企业的各部分职能联系起来，以此来带动企业的发展，实现企业的目标。

这条主线是什么呢？不同的管理者有不同的想法，不同的认识，会采取不同的措施，也会得到不同的结果。这就导致了在企业管理中跟风、赶潮流现象的出现。这种现象不只是在中国，在世界范围内的其他国家都出现过，它使管理者处于一种迷惘的状态。

如果我们以组织发展的规律假设作为基本原则和主线，以组织要达到的配合阶段作为目标，以培养一支能够相互协作、服从指挥、乐于创新的员工队伍为基础，我们就能够形成具有自己管理特色的企业，能够形成自己的核心竞争力，最终形成自己的管理模式。组织发展规律假设就是我们解决复杂管理问题的指南针。

第四章

发达国家成功的企业管理模式

通过组织发展规律假设来分析发达国家成功的企业模式，可以很清楚地看出这些领先的国家都是在遵循组织发展的规律，他们能够在某一方面将自己的长处发挥得淋漓尽致，日本、韩国和德国都是在组织整体上发挥了自己的优势，而美国更多的是在创新上发挥了自己的优势，从而取得了巨大的成绩。

美国企业管理模式分析

在这样一个组织中工作，员工不仅独立地自主行动，而且彼此之间形成了一种良好的合作态势。每个人在提高他自身的工作绩效的同时，通常是能够增加与他一起工作的合作伙伴的工作绩效——这种良性的互动使得他们这个小团体总的工作绩效要远远高于单独的个体的工作绩效之和。

——1965 年约翰 · 戈登在通用汽车公司的讲话

美国模式分析

美国经济是当今世界上最大、最成功的经济体。从 20 世纪 90 年代开始，美国的经济模式又重新焕发了活力，摆脱了日本和德国经济发展的追赶步伐，重新成为世界企业管理的榜样。回想 20 世纪 80 年代，全球都在学习日本的企业管理模式，分析研究日本的企业文化，日本当时的经济规模也似乎要超越美国。但就在这个时候，一种以信息技术为基础的新兴产业又重新带领美国的经济回到了领先的位置，无论是计算机核心的芯片，还是计算机的软件及操作系统，从现代无线通信技术，个人计算机的生产和制造，到互联网的发展和应用，都发源、发展于美国。

计算机信息系统在企业中的应用首先在美国推行。风靡20世纪90年代的企业再造，其核心就是利用计算机技术对企业的业务流程进行重新设计；当今社会通信技术的发展也是得益于计算机技术的应用和发展；企业非核心业务的外包、全球化的采购和生产、企业供应链的管理等也都是建立在计算机网络的应用和现代通信技术发展的基础上，这种全新产业的发展使美国的企业重新获得了新的生机和活力。如果用所谓的蓝海战略来分析，这就是美国的很多产业从传统制造业激烈竞争的红海转向新的信息、电子、通信技术的蓝海领域，是一种最好的蓝海战略的应用。

为什么美国能够取得这样的转变，能够不断维持自己的领先地位，能够保持企业经济模式的高效率和持续发展，这是我们最应该研究和分析的。

很多人从美国公司治理结构上进行分析，认为由于公司治理结构合理，所有权和经营权分离，选用有能力的管理者，通过股权和期权来激励管理者，通过股价的升降来考核管理者等，所以美国的企业才能较好地发展。

如果我们通过组织发展规律假设来分析，美国企业管理的成功是一种发挥组织成员创新的成功，美国企业的特点就是通过企业中的每个员工的创新来带动组织的发展。

组织依赖个体的创新而发展。没有个体的冒险、探索甚至牺牲，就不会为组织提供新的方向和路径。组织应鼓励个体的创新，并通过组织学习，带动组织整体的发展。

美国的管理模式正是创新带动组织发展的典范。风险投资起源于美国，它的出现就是鼓励个体的创新和冒险。风险投资通过鼓励个体的创新，鼓励个体以一种创新的想法、观念，形成一种新的创意，然后通过风险资金的支持，迅速形成一个盈利的企业，为创新的个体及风险投资本身带来高额的回报。Google 是这样成功的，Facebook 正在成功的道路上，无数的风险投资都想加入其中。

连锁模式起源于美国，表面上它是总部的品牌和管理模式与个人资金的结合，但其核心是在发挥加盟店店主的个人能力，利用个人的资金，发挥个人管理上的创新作用，最后与总店形成一种整体的力量。

英国著名经济学家戴维·柯茨认为：在美国模式中，人们对社会政治和道德的总体认识是个人主义和自由主义。正是这种个人主义和自由主义奠定了美国人创新的基础。

我们看到过很多的美国大片，突出的特点都是宣扬个人英雄主义。宣传一种独立、高尚、正义、勇敢、无所不能的个人英雄，往往是故事的主角凭借一己之力，拯救整个组织和团队，这是美国文化突出的表现。但是我们不应该忽略的是：在美国突出个人主义的表象下，美国的文化仍然隐藏着一种团队合作的精神！这就是在个人主义和自由主义的前提下，你不能干涉和影响别人的自由。就是说在一定的规则之下，大家需要相互尊重和理解、相互之间要进行一种合作和互助，在合作和互助的基础上再发挥个人的自由性。美国人最喜欢篮球和棒球运动，这是一种建立在团队合作基础上的运动，既需要团队合作为基础，又需要个人创造性的发挥，球队才能取得最好的成绩。在企业管理的实践中，团队建设和团队作业、学习型组织等管理方法也是首先出现在美国，并得到充分的研究和发展。

但是由于民族文化的不同，美国人的团队合作并不像日本、韩国和德国的企业那样，组织的整体是通过一种民族传统和社会文化的无形约束而达到很高的默契配合的程度。也许可以说，美国企业不如日本、韩国和德国的企业整体配合程度高。日本、韩国和德国正是充分发挥出自身民族组织性强的特点，通过形成组织整体的配合，提高了组织的整体效率，使自己的经济和企业在战后取得了令世人瞩目的快速发展。

但是日本和德国在创新上却赶不上美国，这同样是由于他们过于讲究整体的民族传统文化所造成的。美国传统文化中的个人主义和自由主义的文化适合于创新，在美国的企业整体配合差距并不太遥远的情况下，美国企业中员工的创新发挥出了重要的作用，带领美国经济不断进入到一个个新的发展领域，重新取得了领先的地位。

正如组织发展规律假设三告诉我们的：只有在整体默契配合的基础上创新的组织，才是最好的组织。也就是组织的发展进入了整体配合的第三阶段，即一种有意识的创新配合阶段，这时候的组织才是最好的组织。美国的很多企业都能够较快地进入这样一个阶段。

组织的发展来自于创新，创新来自于个体，而不是来自于组织的强制创新或刻意地制造创新。创新有时候不知道来自于何处？也不知道来自于何人？创新经常是“有心栽花花不开，无心插柳柳成荫”。这也是为什么目前微软、Google 等需要依赖员工创造力的企业必须采用一种异常宽松的工作环境的根本原因。据说 Google 地图的创意就是来自于员工工作之外的创新。创新往往只能依靠个体，组织只能提供宽松的环境以帮助员工产生创意，而不能去限定、强制、逼迫员工产生创意。

美国企业模式的成功，正是在于他们能够在整体配合的基础上发挥出个体的创造力，在自由主义的前提下，既认识到不能干涉别人形成整体的有序和配合，又能保护和发挥个人的创造力，来保证组织的不断前进，保持企业持续不断的活力。

通过组织发展规律假设我们可以清楚地看到，组织与个体的表现，决定了社会的发展和进步。组织整体是社会发展的基础，组织为个人的自由和个人的创新提供保护，组织中个体的创新又推动和带领组织的进步。正是这种组织整体与个体的相互作用，推动了社会和企业的进步。

任何企业管理的模式，都要在如何形成组织的整体、发挥整体的作用和如何发挥个体的创造力方面开展工作，这就需要符合整体和创新的组织发展规律，企业必须在这两个方面形成自己独特的方式、方法，形成比别人效率更高的方式、方法，才能创造出自己的管理模式。

衰退的美国

2008 年席卷全球的金融危机发源于美国，引起了很多人对美国管理模式的质疑。曾经在网上看到一篇文章，题目是《美国管理落后东亚三十年》，文章说：“全球各大经济体对美国的贸易顺差，难道真的因为美国进行了产业转移，从所谓的夕阳产业转移到了朝阳产业吗？其实不然，美国的产业转移与贸易逆差的重要原因，是美国管理逐渐落后于世界，特别是落后于东亚近 30 年，”“汽车制造与船舶制造只是美国管理落后的一个缩影，代表了美国制造业管理水平普遍地落后于东方。”

对于这样的文章，我认为如果不是噱头，也是一种炒作！美国的管理真的是落后了吗？想想互联网、计算机芯片，想想谷歌、苹果，任何一个有正常思维的人都会作出正确的判断！

知识经济，知识管理，对知识分子的尊重产生于东亚吗？弹性工作时间、上班可以带宠物、每个员工都可以在工作时间内有 20% 的时间从事自己感兴趣的工作，这种管理方式可能诞生于东亚的管理吗？

当 IBM 卖掉了笔记本电脑生产业务，转向“提供解决方案”时，当供应链管理、射频技术在物流管理中的应用时，当惠普、戴尔的计算机开始转移到中国生产时，我们真的以为美国的管理在衰退吗？

我们不应该盲目自大，对照组织发展规律假设，我们可以清楚地看出：东亚的管理决不代表未来管理的方向，因为东亚人的传统文化不符合组织发展的规律。组织的发展取决于组织的整体和创新，日本和韩国的企业比较注重整体，他们崇拜整体的力量，并且依靠整体的力量取得了令世界惊异的优异成绩，因为他们把握住了组织发展的一个方面——依靠整体的配合。但是组织的发展需要两个方面，日、韩的传统只知道在整体中服从，却不知道发挥个体的创新。

组织发展规律假设告诉我们，组织的发展取决于组织的整体配合与组织的创新。东亚的文化在这两个方面都有所欠缺，东亚文化和体制缺乏创新的原动力，极大地限制了人们的独立个性，因此，在创新方面可能会落后于美国。

从日、韩企业的入厂培训看管理特点

> 宏伟的事业，只有靠实实在在的、微不足道的一步步积累，才能获得成功。
>
> ——稻盛和夫

日本企业管理特点分析

虽然日本的经济从20世纪90年代以来进入了一种衰退期，但是二次世界大战以后日本经济和日本企业的成功是全世界有目共睹的。20世纪80年代，日本企业在美国攻城略地，引起了美国等发达国家的一片恐慌。日本企业将产生于美国的质量管理技术改进成为全面质量管理，生产出高质量、低成本的产品，使其成为世界其他企业学习的榜样。直到后来西方企业又产生出更适合西方企业文化的六西格玛管理，才得以平衡。时至今日，日本的产品仍然是高质量、低成本的代名词。日本丰田汽车已经悄悄地超越了美国的通用汽车成为世界第一大汽车生产厂家。

日本的企业管理是因为什么成功，又因为什么而陷入了衰退呢？分析其中的原因，对我们的企业管理具有较大的启发意义。

有很多的学者分析了日本企业管理成功的原因，他们认为日本工业模式成功的主要原因：一是不惜任何代价极度追求完美；二是改进和大规模生产其他民族的发明；三是紧密的团队合作，专注于制造流程中稳定、渐进的创新。还有学者认为日本社会的风气和企业的文化是日本企业成功的关键。

如果我们用组织发展规律假设来分析日本企业管理成功的原因，结论是非常简单明了的。组织发展规律假设二告诉我们：组织的效率取决于组织成员之间的配合程度。日本企业就是整体配合的典范，日本的传统文化就是强调整体，强调以整体取得胜利。日本人单个的个体并不强大，但他们能够非常好地实现配合，从而形成团结的力量。有人说："一个日本人是一条虫，但是三个日本人就变成了龙。"也有人说："一个日本人并不可怕，但是三个日本人就变得非常可怕。"正是日本人能够习惯进行团队配合，从而提高了组织整体的效率，产生了远远大于个体的力量。

日本企业在其传统文化的影响下能够在较短的时间内将企业的整体带入组织配合的第二阶段，第二阶段是组织成员形成默契配合的阶段——成员之间是一种无意识的配合阶段；当企业组织进入了一种整体默契配合阶段的时候，在整个企业中能够形成一种员工之间无意识的默契配合，从而使整个组织的效率达到较高的程度。

日本企业采用的全面质量管理方法，就是让每个员工都参与到企业各方面的活动中，参与到企业所有工作环节的改进和提高之中，"下一道工序就是你的上帝"，你就应该为下一道工序的员工提供最好的支持和服务。这种为下一道工序服务的思想，确保了为下一道工序员工提供最好的配合，最大限度地减少了相互配合之间的摩擦和矛盾，提高了员工之间配合的默契程度。他们通过这种方式，让每个员工都加入到组织的所有工作中来，让各种不同的工作形成一种整体，员工在各自的工作岗位完成自己本职工作的前提下做好与其他工序的配合与协作。

日本的企业非常讲究整体，不突出个人的作用。他们讲求团队与组织整体的成功，讲究为了组织整体而牺牲个体，这既是日本社会的风气，也是日本企业最核心的企业文化。正是这种对组织整体的认同，使日本企业在战后能够快速崛起。

> 合作是企业振兴的关键，而企业家的威信又是合作的关键。
>
> ——日本“企业之神”坪内寿夫

日本企业的整体配合就像日本人最喜欢的樱花。单朵的樱花看上去很单薄，谈不上美丽，但是整棵的樱花树，整片的樱花林就给人一种震撼的美！即使是凋谢的樱花，整片地落在地面上，同样能给人以美的感受。这就是一种整体的力量，一种整体配合的效果。

因此，我们认为日本企业管理模式的成功就是一种整体配合的成功，是一种组织整体配合达到了第二阶段的配合，它能产生一种组织整体的高效率。

日本企业为什么会衰退或停滞不前?

组织发展规律假设三告诉我们，组织的发展有三个阶段，达到第二阶段的组织并不是最好的组织，最好的组织是达到第三阶段的组织，第三阶段是组织成员创新阶段——是一种有意识的配合创新阶段。这是一种在默契配合基础上能够创新的组织，第三阶段的组织整体效率是最高的。

对企业也是一样的，日本企业往往是能够较快较好地达到组织发展的第二阶段，但是他们往往不能向第三阶段的企业发展。第三阶段需要企业全体员工的创新，通过创新来带动企业的新发展。日本企业因为他们自身的习惯和文化限制了他们向第三阶段组织的发展。

专家研究认为：日本民族由于过分强调合作性，对个人的思想极端压抑，不鼓励个人的创新，在教育上也强调死记硬背与“集体思考”。这种传统习惯导致了现代日本人过于注重团队，而缺乏个人能力。

一方面过于强调整体的力量，忽视个体作用的发挥，这既是他们形成整体配合的优势，又是阻碍个体创新的重要原因；另一方面是模仿的习惯，由于创新不足，日本企业一直习惯于模仿，而不是原创，这也是日本企业“后发优势”的优点，但在这里变成了妨碍形成“原创”的另一个原因。总之，日本社会过于强调整体、强调服从的文化正是他们创新的最大障碍。正是这些原因，导致了日本企业在企业发展的第二阶段向第三阶段的发展中碰到了障碍。当美国企业在信息化、数字化等方面创新时，日本企业又重新落到了后面。

从入厂培训看日、韩企业的管理特点

韩国企业近几十年的快速崛起，值得中国企业认真学习。韩国在数字化的家电产业发展方面，几乎和中国的家电产业是同时起步，但是今天，韩国的三星、LG 已经成为了世界电子行业的知名品牌。20 世纪 90 年代初，韩国汽车开始进入中国时，中国人认为质量很差，但是今天韩国现代汽车正走在成为世界知名汽车品牌的道路上，在世界杯、奥运会等重大体育赛场上，我们都能看到现代汽车的广告。韩国的经济已经成为世界第四大经济体，韩国企业的成功值得我们进一步分析与研究。

“集体行动规范；倾听客户要求，并付诸行动；挑战意味成功，莫要惧怕失败，要勇于挑战；寻找可行的方案代替不行的理由；我们需要经常的赞扬，赞扬可以提高人们的工作兴致；互相协调要从我做起，成绩要先归功于他人。”这是50名清一色的小伙子满脸流着汗，5人一组，一边跑着步，口中还要大声喊出这样的口号。这些人并非是运动员，而是韩国企业LG天津电器有限公司新社员在进行入社后的第一项培训。

在10公里的越野赛中，教练设计了很多需要员工配合才能完成的游戏。在活动的起点，教官要求每组的5名员工首先要集体连续跳绳30次，没有达到要求的必须重新开始计算。在员工跑了一段距离以后，要穿过引河桥，进行颠球活动，培养团队的协作精神，任何一个人的疏忽球都会掉下来，就会被扣分。在这之后，他们会得到一张迷宫图，由大家共同努力找出一条最佳的路线，然后共同冲出迷宫。

企业体能训练在一些跨国公司中并非是一

件特殊的事情，但在韩国和欧美的企业培训中，韩国人喜欢高喊口号。在LG公司的培训中，每一个小组出发时每名成员都要挥臂高呼：“LG，三年翻三番。”这是LG公司的一个新的企业目标。在跑步的过程中，员工们还要不断高喊企业文化的口号：“周密计划，大胆实践，负责到底；常对话以达到沟通，对话沟通可以改变一切。”

在50多名新员工中，一半是大学本科生，其余的一半是中专生。他们在培训结束后的共同体会是，这种训练培养的是一个人在生存发展中的一种精神，它对培养一个人的毅力很有帮助，使人在今后的工作和生活中承受各种压力。

——资料摘自《经济日报》

现在在中国这样的团队训练的方式已经不陌生，很多公司都在采用，对这种培训的意义，不同的企业理解可能都不一样。就像上述新员工的理解一样，认为是培养了个人的精神和毅力，应该说，这只是培训目的的一部分。这种培训最为重要的目的就是要在企业员工中形成团队整体配合的精神，最终形成团队整体的力量，这才是LG公司所要灌输的核心内容。这既是韩国民族的传统特性也是韩国企业成功的基础。从LG公司的培训中我们看出，他们强调整体的重要性高于个体，“互相协

调要从我做起，成绩要先归功于他人”体现的就是一种团队的精神，就是要告诉员工要讲究集体的成绩，依靠集体的力量。另外，他们还强调要学会沟通，学会协调，“对话沟通可以改变一切”，沟通和协调就是为了形成配合，形成整体的力量。这些才是组织中最为重要的思想和原则，这种思想和原则是形成组织整体配合的基础。而给新员工贯彻这些团队合作的基本思想和原则，就是为了在今后工作中实行，这才是各种团队培训的根本目的。

很多资料也表明，韩国的企业延续的还是东亚文化的风格，将家庭伦理发展到企业伦理，在企业管理中注重教育、培养和形成家长式的企业伦理道德，从而形成守纪律、讲服从和步调一致的强有力的组织文化，充分体现了韩国企业对形成组织整体配合的认识和理解。

还有一些学者认为韩国企业的另外一个特点就是他们的“能做”文化。韩国企业强调企业成员的一种积极性和挑战性的共同价值观。企业敢想、敢干、敢提高目标，韩国企业可以为了达到目标而不惜一切代价，这是一种团结精神的体现，也是一种“从众无惧”的体现，这也是韩国企业成功的一个重要原因。

现代社会的显著特征之一就是每个人都在争“第一”，只有这样才能鞭策自己不断努力，只有这样的企业才会有前途。

——三星集团创始人、董事长兼总裁李秉哲

但是韩国企业的家长制作风，通过温情和专制的管理，员工更多的是服从，也压制了员工的创造性发挥。因此，我们也很少看到韩国企业的原创产品。

分析韩国企业的成功，通过组织发展规律假设，我们可以看出，他们和日本企业的模式很像，成功的核心是依靠团结、配合、组织的整体力量，但是在创新方面又都存在问题。

日本丰田公司新员工入厂培训也体现了团队配合的重要思想。在丰田公司所有新员工进入公司后，将会按照他们将要从事的工作进行分组，每组 10 人，然后按照分组接受 9 个星期的岗位培训。培训分为两大部分内容：首先，新员工要接受丰田公司的发展历史、价值观、企业文化的培训，使新员工熟悉和接受丰田公司的基本规章制度。其次，要培训他们学会与人沟通。要学会处理与上级的关系、与同级的关系，学会接受指示和命令，学会在集体中工作，学会团队的协作和配合。

在这种入厂培训中，前一部分的学习是为了提高新员工对企业的认识，后一部分的学习是强调整体的配合与协作，学会在集体中工作。丰田公司的培训充分体现了日本企业注重团队合作、注重发挥企业整体力量的基本特征。

日本和韩国企业的员工培训，体现的是一种组织学习。企业组织员工学习是坚持强调员工与组织共同学习、共同成长的原则，只有共同学习，才有利于形成整体。在日、韩企业的培训中，开始都是培训如何团结，如何形成配合，如何形成整体，这体现了日、韩企业讲究整体的特点。

探索印度企业的管理

从《薄伽梵歌》看印度企业管理

近十几年，印度和中国作为最大的发展中国家，国家经济也在持续高速的发展，很多印度企业也开始向国际化扩展。在2007年前后，印度的一本古书《薄伽梵歌》成为西方企业管理者的案头书，虽然还没有看见有中国的管理者开始学习《薄伽梵歌》，但是西方的管理者从学习中国的古书到学习印度的古书，特别是在中国和印度处于一种相同的竞争地位时，这似乎多少也让我们的管理界引起了一些触动。

当我们还没有形成中国式管理，甚至很多人都不懂怎样去形成中国式管理的时候，我们就开始到处宣传中国式管理。但是当《薄伽梵歌》被欧美管理者学习时，就有记者问印度企业的管理者：你们是否有印度式管理？他们的回答很直接：还没有，也许将来会有。这种答案和中国企业管理者热衷于中国式管理的答案似乎有较大的差距！

《薄伽梵歌》这本书引申出在组织管理中需要集中、持续、合作等概念，是符合管理发展的规律的。

从组织发展规律假设中我们可以看出，组织的发展就是体现了一种组织整体的概念。任何组织的发展都离不开对组织中个体的整合，使之形成一种整体的力量，然后在整体的基础上发扬个体的创新，做到整体和创新的组织才能发展壮大。

在研究个体的修炼，提高个体自身的素质水平上，中国和印度这两个文明古国，有很多这方面的传统和经验，有很多这样的古代书籍值得西方人学习和研究。印度的佛教体系，中国的儒家传统、道教学说，都是主要集中在个人的修身、养性上。但是在中国的传统国学中，我们很难看到研究合作，讲求整体的论述。这就是中国传统文化中最致命的弱点。

《薄伽梵歌》虽然重点讲述的是个人内心的平衡和修炼，但从中可以引申出持续、合作等概念，这是一个组织发展所必须理解的概念。据说在印度企业里，管理者不是把重心放在“管理”上，而是放在如何调动下属的潜力上。这与中国古代的“治”文化是有较大差别的。《薄伽梵歌》中写到：“杰出的领导者总是积极地促进和帮助周围的人不断发展和进步，他们的目标就是让周围的人认清自身的潜能，唤醒潜在的斗志。”唤醒自身的潜能，激发自身的潜能，员工才能产生创新。

从这些方面可以看出，《薄伽梵歌》讲述的是合作形成整体，从调动个体潜能而发挥个人的创造性等方面都能够使学习者从中得到启发，这是与组织发展规律假设相符合的，也是有可能指导企业走向成功的。从《薄伽梵歌》在西方管理者中的热烈回应，我们也可以看出它的很多理念和现代管理在某些方面是融合与一致的。在这个过程中，我们也可以看出印度管理者虽然还没有提出印度式管理，但他们对管理的理解和实践却一刻也没有停止。

发现印度式管理

《商学院》杂志曾经发表了一组文章，题目就是《发现印度管理》，希望能够寻找印度企业家在管理中的一些特点，由此总结出印度式管理的基本模式。不同的学者从不同的角度给出了各自的总结，但同目前热炒的中国式管理一样，还没有一个清楚和明确的结论。如果我们用组织发展规律假设来分析，可以清楚地看到印度的企业在探索管理模式上要比中国的企业走在更为正确的道路上，他们的企业家对管理基本原理的理解要比中国的企业家正确和深刻。可以预期，印度的企业有可能将比中国的企业会更快地产生印度式管理。

从发现印度管理的这组文章中我们可以看出印度的企业在一些方面正在形成自己的管理模式：

1. 在优化自身的管理，寻求自己企业管理的特色方面，印度的企业正在努力探索。

文章中谈到："资源的缺乏和政府政策的种种限制，迫使印度企业家学会以小搏大并优化内部管理水平；民族众多和环境的多样性使印度企业家善于处理复杂的环境；而英国人多年的盘踞也带给了印度经理人国际化的视野。"

新加坡国立大学管理学院主管 MBA 项目的副院长、商业政策学副教授 Kulwant Singh 在文章中谈到："中国公司很有钱，比如 TCL、联想、中国移动，他们总是做大生意。中国公司侧重于获得品牌，而印度公司更愿意买一个小公司，然后逐渐转变、成长，然后再次购买。他们通常的发展道路是，遇到挑战，克服挑战。因为缺乏资源，所以被迫优化管理。这是为什么印度公司总会成功的原因。"他在文章中还谈到："很多印度企业的扩张方式是通过购买海外经营不善的企业，然后注入自己的优质管理经验，去改善整个公司的业绩。"

印度专业从事软件培训的 TCS 公司称："我们专业到可以管理另外一家公司的所有项目，并且比这家公司自己管理得还要好，且成本更低。"

从这些言论中我们可以看出，印度企业注重的是形成自己的管理方法和模式，并且已经具备了自己的特点。他们注重提高自己的管理水平，用自己特有的管理方法去管理被兼并的企业，这就是在输出管理。只有企业能输出管理，并且通过实践证明你的管理模式比被兼并企业的管理模式全面或在某方面具有优势，被兼并的企业员工才会认同你的兼并，才会与你同心协力，这样被兼并的企业才会得到发展。管理模式在输出并被接受的实践过程中会逐步成长起来，最终形成自己的管理模式。这正是我们中国企业所缺乏的，我们的企业沉下心来研究管理的少，热衷于营销和造势的多，我们还没有形成具有自己优势的管理模式。我们降低成本靠的是加班加点、降低员工的工资、降低员工福利等，这种模式下员工和管理者永远是对立的，企业永远不会得到员工的认同，也很难长远地发展，永远不能形成优秀的管理模式。

2. 印度企业家也是从在企业管理整体和创新这两个方面来形成自己的具体管理特点。

应该怎样来形成有效的管理模式？我们来看印度的企业家是怎么做的：

2005 年印度政府特意邀请世界知名的人力资源管理咨询公司 Hay 集团对印度 30 多位卓越企业领导人进行了研究，以期获得印度企业成功的特点。Hay 的结论是：印度的成功企业家在以下四个方面都有自己的特点：

- 执著地专注于成长和创新。
- 高度利他主义的经商哲学。
- 高度的坚韧力和诚信度。
- 更为正式和职业化的人际关系取向。

专注于成长和创新，体现了企业管理者对企业发展的思考，侧重于企业的成长而不只是利润，并且通过不断创新来实现企业的发展。

利他主义使企业关注于对社会有益的事情，从而会引导员工关注社会、关注他人，使企业的决策有利于社会，有利于他人，有利于企业形成一种长远的为整体着想的导向。只有为他人着想，才有利于合作和配合，才能形成一个团队，才能发挥出一个组织整体的力量。利他是形成合作的基础。

保持一种坚韧力和诚信度，也是形成一种组织配合与合作的基础，没有诚信就没有合作，没有持续也就不需要合作。在《薄伽梵歌》中提倡的就是集中、持续、合作等内容。

追求正式和职业化的人际关系取向，更是为了形成一种规范的组织配合的能力，企业员工的合作不是建立在私人感情基础之上的合作和配合，而是一种职业化的配合关系，不完全掺杂个人的感情，从而形成一种真正的组织配合的力量，并能够长期坚持下去。

从这四个方面都可以看出印度的企业和企业家在努力寻求企业组织中整体合作方面的具体方法，在为形成企业组织整体的配合、产生整体的力量而努力。

在企业创新方面，印度企业家也是非常重视的。印度企业说自己依靠的是脑力，他们在企业中努力创造有利于发挥员工个性的环境，增加沟通和交流，这将鼓励和发挥员工的创新能力，因此成长和创新也是印度企业家所专注的。

通过分析我们可以看出：印度的企业家就是在如何形成组织整体的配合与如何发挥员工个体的创新这两个方面在努力探索。这是符合组织发展规律的，因此我们认为印度的企业是走在一条正确的发展道路上，这必将引导他们逐步产生印度式管理。

对比印度企业，我们的企业和一些管理咨询公司更热衷于一些具体的管理方法。他们总希望通过采用某种具体的管理方法来实现企业管理水平的提高。在前面分析印度企业的文章中，我们没有看到一家印度企业说自己是通过采用六西格玛、平衡计分法、业务流程再造、KPI 关键绩效考核等方法来实现我们的管理模式的。米塔尔钢铁集团的总裁拉克什米·米塔尔说："印度人不用教波兰人、捷克人怎么造钢铁。每一个国家的钢铁工人都是经验丰富的行家。"印度企业输出的是有自己特色的管理模式。

中国企业的问题不是一个扩展国际化视野就可以解决的。如果我们内部的管理问题没有解决好，就想通过向外发展而获得成功只能是一种偶然的现象。管理的基础就是要眼光向内，只有形成了自己的核心能力，才能向外输出管理，才能去兼并和整合别人的企业。

如果我们没有能解决管理的基础问题，不知道各种管理方法应用的基础是什么？最终我们学来的管理方法也只能是皮毛，而不是精髓，只能是形似，永远做不到神似。要改变这种局面，我们的企业家和管理者必须从管理的基本原理出发，真正理解组织发展规律，从正确的基础出发，我们对管理的探索才不会走偏方向，我们才可以产生真正的中国式管理。

以德国为代表的莱茵模式

在欧洲，以德国为代表的莱茵模式在二战后也实现了快速的发展，德国产品已经成为世界高质量产品的代名词。德国人严谨、一丝不苟和遵守规章制度的特点成为他们管理模式的代表。莱茵模式与以美国为代表的企业管理模式是有所区别的。以美国为代表的企业管理模式其核心就是维护资本的利益和实现股东利益最大化，企业管理者在投资者和资本市场的压力下，把追求股东价值最大化，实现股东资产的保值与增值作为企业的根本目标。在这个目标和压力下，美国企业热衷于变革和创新，充分发挥个人的创新作用，这是以美国的民族文化为基础的。美国企业希望能够快速获得效益，而不是一种缓慢的发展。因此，美国模式也容易被认为较为注重短期效益，而忽略长期的发展。

莱茵模式是由法国经济学家米歇尔·阿尔贝尔提出来的。他在《资本主义反对资本主义》著作中，将莱茵流域的西欧国家，主要是德国（还有瑞士、挪威、瑞典等国）所奉行的市场经济模式，称为“莱茵模式”。与美国模式相比，欧洲的莱茵模式具有深厚的社会基础和悠久的历史与文化传统，这些国家更强调社会保障体系的建立，利用税收和福利政策来实现社会的和谐与公正，维持一种稳定。

迈克尔·波特也分析过德国经济相对于美国经济的优势。他指出，美国的企业大多重于短期的考虑，从而使得美国企业的长期增长面临风险。波特认为，造成这种现象的原因，是美国资本所具有的快速流动性。特别是机构投资者在管理其投资组合时，关注的是企业短期的表现。美国的资本主要是由股票市场提供，它们对企业没有长期的承担，没有兴趣投资员工培训和研究开发，也没有兴趣参与企业决策。而德国的资本主要是由银行融资提供，相对稳定并具有长期的视野。他的结论是，美国的经济在投资资本的配置上具有明显的不足和相对的劣势。

一些学者研究发现，从企业的领导方式上看，莱茵模式的领导方式具有更多的优点。在莱茵模式下，企业首席执行官的角色多是倾向于低调的，更像是整个管理团队的发言人，很少存在英雄式的个人崇拜；在企业的战略决策上，莱茵模式倾向于以“共识”为基础，并采用一个长期的视野；企业比较抵触来自资本市场对短期盈利的压力，而是关注更广泛的利益相关者，包括雇员、顾客、供应商、政府、社区、工会乃至整个社会和未来的利益。莱茵模式具有明显的“以人为本”的价值观，重视员工的发展，着力保持高水平的员工，控制员工流失率，为大多数雇员提供持续的培训，重视员工的内部提拔，同雇员、工会、管理层分享权利。

从组织发展规律假设可以看出，莱茵模式的领导人侧重于整个组织的“共识”，领导人只是团队中的一员，突出的是企业的整体力量，这正是组织发展所需要的。企业管理的核心就是要形成员工整体的配合，并尽早达到整体配合的第二阶段，才能形成组织整体的力量。

德国人是遵守组织配合的典范，科层体制的创始人就是德国的韦伯。在德国人信奉的人生哲理中有很多条都是关于形成协作和配合的，如“一个人的努力，是加法效应；一个团队的努力，是乘法效应”、“彼此尊重才能达成彼此的理解”、“帮助别人成功，本身也是一种成功”等。而莱茵模式的管理方法，如以人为本、重视员工培训和发展，分享权利、关注未来等，都是有利于员工之间形成配合，有利于企业的长期发展。所以莱茵模式在组织整体配合的管理上是符合组织发展规律的。战后的德国也正是倚靠他们极强的组织性和纪律性，形成了极强的整体配合力量，从而取得了战后的快速发展。

我们也可以看到，莱茵模式在社会体制的管理上强调社会保障体系的建立，利用税收和福利政策来保证失业人员仍然生活在一个较高的水平，希望实现社会的和谐与公正。在现实中我们也看到，西欧很多国家的失业人员享受着高福利，这种高福利降低了人们通过自身的奋斗改变自己生活水平的动力，降低了人们努力创新的动力。过分强调平等和公平，让人们失去了变革与创新的动力。组织发展规律假设三告诉我们：组织的发展达到整体默契配合的第二阶段还不是最好的，还有组织发展的创新配合阶段。组织的发展需要员工的创新来带动，如果员工没有压力，企业和社会只有和谐而没有创新的机遇和动力，这样的企业效率也会下降，很难持续发展。

现代社会的创新大都来自于美国，美国人在短期赢利的压力下，不断创新，通过创新来推进企业的发展，通过创新来改变个人与企业的现状，整个社会在创新的带领下不断发展。

通过组织发展规律假设，我们可以很清楚地看出这些领先的国家都是在遵循组织发展的规律，他们都能够在某一方面将他们自己的长处发挥得淋漓尽致，日本、韩国和德国都是在组织整体上发挥了自己的优势，而美国更多的是在创新上发挥自己的优势，从而都取得了巨大的成绩。通过组织发展规律假设来分析，他们都有各自的缺点和不足。组织的成长壮大就是看我们如何在整体与创新上做出自己的特点，取得自己的优势，最终形成自己的管理模式。

第五章

重新认识国学与现代管理思想的关系

每一个中国人都希望中华民族复兴和崛起，都希望中国能够再一次诞生对世界文明产生巨大影响的文明成果。但是我们靠什么来产生这种文明的成果呢？很多人不作深入、艰苦的研究，以戏说、水煮、品味等方式来代替研究。我们以国学中的一些代表作来进行简单的分析，就可以清楚地看到自己的差距和不足。

改革开放以后，中国开始全面向西方学习现代的企业管理知识。这种学习很快提高了中国企业家和普通民众对现代管理科学的认识。民营企业的发展，进一步推动了中国企业学习和采用西方管理方法的热潮。十多年前，无论是中国的国有企业，还是民营企业都一窝蜂地涌向国外，如饥似渴地学习西方的管理理论和方法。各种管理大师频繁来到中国，给我们带来了世界管理界最新的研究成果。《杰克·韦尔奇自传》的发行，给中国企业带来了无边界管理、数一数二理论、六西格玛管理的初步认识。

经过十多年的管理实践以后，中国企业逐渐强大起来。中国的企业家在实践中认识到，照搬西方的管理理论和方法并不能完全适应中国的国情。正如一些参加 EMBA 的企业家所说：这些新的管理理论和方法听起来确实很好，但感觉像是天上的飞机，无法在地上运行，无法和我们目前的企业管理状况联系起来。

当我们的企业家遇到企业管理发展的瓶颈时，有人希望从中国的传统文化中寻找突破口，于是各种国学班大量出现了。甚至很多人断言，西方文化的发展已经碰到了障碍，必须在东方文化中才能找到人类文化发展的新指南。

每一个中国人都希望中华民族复兴和崛起，都希望中国能够再一次诞生对世界文明产生巨大影响的文明成果。但是我们靠什么来产生这种文明的成果呢？很多人不作深入、艰苦的研究，以戏说、水煮、品味等方式来代替研究。甚至一些人对管理的基本规律都不懂，就想拿国学来解释管理，希望以一种快餐文化的方式，来获得所谓的成果；甚至想拿出老祖宗的东西，就能直接引领世界文明的潮流。我们以国学中的一些代表作来进行简单的分析，就可以清楚地看到自己的差距和不足。

儒学的基础适合现代组织发展吗

儒家学说的基础是恢复和达到一种“礼义”的状态，这种“礼义”的状态就是君、臣、父、子等相关等级的规定。这是一种关于享受待遇的规定和分配，是一种严格的等级划分。所以有：孔子谓季氏，“八佾舞于庭，是可忍也，孰不可忍也？”其他的儒家学说，也都是以建立和恢复“礼制”、“礼义”为根本。由此才产生君子，君子是遵守礼制的典范。如果人人都成为君子，社会就会进入一种稳定的状态，礼制的体系就可以永远保持下去。为什么在儒学中建立和恢复“礼制”这么重要？一种最简单和最基本的解释是为了维护统治阶级的地位，保证他们的皇权永远地延续下去，所以封建统治阶级就选择了儒学作为根本。

汉代的开国皇帝刘邦找了一批孔子的后裔弟子，按照他们继承的“礼制”，为他策划了一个宏伟盛大的登基典礼，在典礼结束后，刘邦感慨道：我今天才知道做皇帝的滋味！由此形成了中国古代恢复“礼制”的惯例。而到宋代更是“罢黜百家，独尊儒术”，因此儒家学说才得以在中国流传下来而形成不变的习惯。“礼制”所代表的是对社会等级的严格划分，从而成为中国封建社会不可逾越的管理模式。

儒学中最大的一个问题，就是把父子的血缘关系和君臣的社会关系等同起来，说成是同一种关系。血缘关系是不可能改变的，而君臣关系是可以变化的，儒学中将他们等同起来，变成为一种永远不能改变的关系，以此来说明“礼制”的合理性。有了合理性就必须维护“礼制”的体系，使之永远不能更改。人一出生就决定了他的社会等级，社会成员只能遵守这种严格划分的等级关系。恢复和遵循“礼制”的目的就是为了维护封建统治阶级的皇权地位，并希望世代延续下去。

单从这个角度来分析儒家的学说，来说明它存在的基础性问题，并不能完全令人信服！只靠欺骗、愚弄，甚至是诡计，骗得了一时，不可能骗得了一世，何况是在中国两千多年的历史进程中呢？儒家学说为了恢复“礼制”的最终目标所做的一切，我们认为一定还有其他的、更深层次的原因。

通过组织发展规律假设的分析，组织的发展需要形成整体，需要发挥整体的力量。儒家学说建立和恢复“礼制”的深层次原因是为了形成一个国家的整体和统一，只有整体和统一国家才能发挥更强大的力量，人民才能安居乐业。中华民族在经历了战国时期的诸侯国战乱时代之后，秦始皇统一中国，从那以后中国人就向往安定、统一的国家，在其后的两千多年历史中，虽有战乱和分裂，但形成统一的中国始终是中国历史的主线，也是中国人民的选择。

要建立一个统一的国家，就必须有一个统一的管理模式，由于孔子出生在战国时期，他所向往的统一的国家就是尧、舜、周的统一时代，孔子的总结就是恢复离他最近的周代的“礼制”，他认为这种“礼制”既可以统一天下、形成国家统一的整体力量，又可以避免暴政的出现。

这是孔子在他那个时代的思考和选择。

孔子及其后人发展了儒家学说，《荀子》是集儒家之大成的论说集。在《荀子》的“王制”篇中对如何形成整体的力量说得非常清楚：“人何以能群？曰：分。分何以能行。曰：义。故义以分则和，和则一，一则多力，多力则强，强则胜物。”荀子还说：“故人生不能无群，群而无分则争。争则乱，乱则离，离则弱，弱则不能胜物。”

在这里“分”就是一种等级划分，通过等级划分来形成“群”、形成“和”。荀子非常清楚形成整体力量的作用——形成更多的力量，战胜其他事物。儒家学派非常清楚，只有建立一个整体的国家，统一国民的思想和意志，才能形成“群”的整体的力量，国家才可以富强。

如何形成国家的整体，儒家学说就是通过“分级”而形成严格的“礼制”。用“礼制”去教育和统一国民的思想，国家就容易形成整体，从而拥有了整体的力量。这才是儒家恢复“礼制”的根本原因，也是儒家学说在中国得以流传两千多年的原因。

在推广儒家学说的过程中，先哲们认识到整体的力量，认识到组织——“群”的力量，他们通过礼制将组织的体系固定下来，这也是一种官僚体制的雏形。但这种体系带有一种对人格的界定，将人分成严格的等级，并且不准逾越。这就产生了一种最基础的问题：将人分成了等级，没有把一种体系和执行体系的人分开，因此这种体系是无法稳定的。历史中，项羽看见秦始皇出游时壮观的排场，就发出：“彼可取而代之。”第一个农民起义者陈胜就喊出：“王侯将相，宁有种乎”……这就是人们对这种固定的等级制度的反叛。

人类发展到现代社会的基本原则是：人人平等。这是现代社会和现代文明的基础。而儒家学说坚持的却是：人不是平等的，“君臣父子之间”是生下来就决定的，不能更改的，必须纳入到礼制的体系之中。因此，儒家学说从基础上就和现代文明的基础相违背，从中不可能产生现代的管理。

封建社会鼓励个人修炼成君子，等着“礼制”体系中上层的国君和诸侯来选拔和使用。

现代社会形成组织的基础是认可人是相互平等的、自由的。组织需要用组织共同的目标来吸引组织的成员，在实现组织目标和个人目标的平衡中发挥组织整体的作用。在个体平等的基础上来形成整体的力量是现代社会的基础，也是现代组织所面临的任务。

形成整体的力量是组织发展规律假设的基础，也是任何社会和组织的共识。但是达到和形成整体的方法是多种多样的，将人分成固定的等级是不可能形成长久稳定的组织整体的，这就是中国两千多年历史的结论。

通过组织发展规律假设的分析，我们可以看出：儒学的目的就是为了形成一种整体的体系，不论是国家、诸侯，还是家庭，都需要形成整体，唯有整体才有更大的力量。而儒学希望通过建立起一种等级划分来形成整体。《荀子》中说得很清楚，只有分，才能有和；要想和，必须先分。中国古代的其他书籍中也有这样的论述，这就造成了中国古代可以利用整体的力量实现稳定的发展，但等级制度的严格划分又限制了个体的创造性，使中国不可能产生现代文明的革命。

从组织发展规律假设看《论语》

《论语》是中国国学的代表作，也是整个中国儒家学说的基础。曾经有一段时间被彻底打倒，全盘否论，但现在又开始流行起来，很多学者把它称为中国人的圣经。

两千多年来，《论语》一直影响着中国人乃至整个东亚人的思维方式和行为模式。例如：以“孝”为根本；对每个人的要求是成为“君子”而不是“小人”；每个人都要努力做到“仁”；做到“恭、宽、信、敏、达”，做到“温、良、恭、俭、让”等。

这些要求经过数千年的持续灌输，已经逐渐深入到中国人的心中，成为中国人个人修养的目标，规范着中国人的行为方式。虽然在很多方面做不到，大家对君子的基本目标、基本要求还是清楚的。西方人可能更直接一些，他们也看到了这些现象，其论述更为简单直接，在介绍比尔·盖茨的一本书的扉页上这样写着：

“在我们所赞美的人类品质中，仁慈，慷慨，坦率，诚实，理解和情感无不与我们社会体系中的失败连在一起，而那些我们所深恶痛疾，不择手段，贪婪无度，卑鄙无耻，自私自利才是成功的品性。尽管人们极力赞美前一种人品，但真正喜爱的却是后者的结果。”

——约翰·斯坦贝克

《论语》所教导我们的这些方式真的可以指导我们现在的生活方式吗？可以指导我们现在的企业管理吗？可以给我们的民族复兴提供指

南吗？

组织发展规律假设的推论七告诉我们，一个组织的发展取决于组织整体配合发展程度和组织成员创新发展程度两个方面，任何组织的发展壮大都离不开这两个方面的发展。

从《论语》在组织整体方面的论述来看，孔子认识到形成国家整体的重要意义，但是他开出的药方就是“礼制”。通过回归礼制而形成国家上上下下的整体，从本质上说，“礼制”的体系就是一种等级体系，也就是说，人们应该回归自己的等级，各自遵守自己的等级的规则，遵循各自等级的“礼”，在自己的等级内做好自己的工作，于是就形成了从家族到国家的整体配合，于是就可以天下太平。孔子对国家恢复“礼制”充满了自信，认为在“礼制”形成的国家整体下，国家的发展可以“万世可知”。但《论语》中根本没有提出人与人之间如何整体配合、合作发展、共同完成任务的概念，因此它无从对现代组织整体配合的管理提供任何帮助。

1.《论语》的通篇没有涉及到组织中的成员如何实现整体配合。

《论语》通篇共508章，其中没有一处涉及到怎样实现整体的合作、团体的合作，怎样共同去完成任务和目标的论述，只有大约20处涉及到如何交朋友、如何与朋友相处的论述。

例如：“三人行，必有我师焉：择其善者而从之，其不善者而改之。”人们都对大师这种虚心好学，从各种情况下吸取对自己有利东西的精神肃然起敬。但是，这只是一种个人的学习和提高，向比自己水平高的人学习，从不如自己的人的反面去学习，为的都是提高个人修养。至于别人怎么发展？怎么提高？孔子并不关注。

真正的社会，真正的组织首先需要的是整体的、共同的提高。也就是说，我们应该互相学习，总结每个人“善”的地方，大家互相学习。改进某个人或某个方面不“善”的地方，使这三个人都能达到善者的状态或者是共同接近善者的状态，就会形成整体的力量，产生更大的力量，三人的共同努力就能实现更大的目标。如果这句话能改成：“三人行，互为师焉：择其善者而共从之，帮其不善者而共改之，共同提高。”就好了，如果中国人能够在思想深处接受这句话所表达的合作共赢的思想，如果这句话再能流传两千年，我们形成整体配合的力量就容易得多，我们所能实现的目标也会更大。

2.《论语》中关于结交朋友的论述，也是非常不利于形成配合的。

孔子说：“无友不如己者”、“中人以上，可以语上也；中人以下，不可以语上也。”就是告诉君子不要结交不如自己的朋友，与人交流也要分不同的人。但是在现代社会中任何一个团队里，每个成员都有自己的长处和短处，大家需要坦诚的沟通和交流，需要取长补短，互相帮助，共同提高，共同去完成组织的目标。如果只结交比自己强的朋友，只和组织中的部分人交流，可能你会在团队中无法生存下去，以这种心态也无法形成团队的配合和协作。这种交友的原则是不适合现代组织团队建设和发展的。

《论语》中还说道，“可与共学，未可与适道；可与适道，未可与立；可与立，未可与权”、“道不同，不相为谋”等等，首先在思想上就对朋友和同伴进行了划分和分类，这种分类一成立，就破坏了组织的整体，难以和企业及员工形成共同体，也就很难形成默契的配合，最终影响组织整体目标的实现。

《论语》中还有，“君子和而不同；小人同而不和”、“君子矜而不争，群而不党”、“忠告而善道之，不可则止，毋自辱焉”说的就是要求君子要和朋友主动的保持一定的距离；同事之间不要争论，团体成员之间不要过于紧密的联系；如果觉得朋友有缺点，不要坚持让朋友改正，提出来就可以了。这些论述反映了孔子根本就不主张整体的合作，不主张君子形成合力，所以孔子的思想体系中基本没有社会成员整体合作、共同发展提高的基本思想。孔子要求君子之间保持一定距离的这种心态，对形成组织整体配合的破坏力是相当大的，它无法让组织成员形成合力，无法团结、凝聚全体员工的力量，这是与现代组织发展的规律相违背的。因此，《论语》在形成组织的整体配合方面没有丝毫的作用，甚至还有较大的反作用，指望用它来指导现代企业的管理是不可能的。

3.《论语》在指导创新方面是否有作用？

《论语》是儒家学说的基础，其行为方式的核心就是中庸之道。它强烈地反对“犯上”、“作乱”等，不允许突破等级，挑战现有的、现存的体系，这就是对创新的最大压制。《论语》讲“多闻，慎言”、“多见，慎行”，讲“君子无所争”等，限制人们不要去想着改进别人的东西，不要提出自己的新东西，跟在别人后面就行了。这种状态怎么可能产生创新呢？

《论语》中还有“不在其位，不谋其政”，“君子思不出其位”，“非礼勿视，非礼勿听，非礼勿言，非礼勿动”等，如果从思想上就限制他人，不能去想、去看、去听、去说、去动手，那么怎么可能有创新呢？

《论语》中对社会成员个性的限制，是扼杀创新的根本原因。《论语》中有诸多的对人的个性限制的论断，它使人们无法形成自己独立的个性，没有独立个性的人是不会产生创新的。

《论语》的核心是“克己复礼为仁”，就是要克制自己的想法和行为，恢复规定的礼制体系，这才是仁。每个社会成员都克制自己的思想和行为，怎么能够产生创新呢？

《论语》还提到：“君子有三畏，畏天命，畏大人，畏圣人之言。”如果一个人不敢去了解自然规律，不敢违背上级的言论和指示，不敢突破专家、教授的论断，那么他的创新从何而来？

儒家学说对个性的限制，对创新的压抑，导致人们逐步失去了独立的个性，其创新水平和能力逐步下降。

通过以上对《论语》在整体和创新这两个方面的分析可以清楚地看出：《论语》是不可能产生能够指导现代企业管理的原则和方法的。由此我们也可以推断，从国学中想诞生对现代企业管理的指导是不可能的。国学班的热销，是一些企业家毫无目的的选择，反映出我们的很多管理者对组织规律缺乏了解，不能真正了解企业发展需要的是什么，要解决的关键问题是什么？

要想产生中国式的管理，我们的企业一方面必须在如何形成企业整体的配合，提高企业整体的效率方面有所创造；另一方面必须在如何发挥员工的个性，激励员工产生创造力方面形成自己独特的方法。只有在这两个方面有所突破，形成自己在这两个方面的核心能力，中国的企业才能产生真正的中国式管理。只有在这两个方面有所突破，中国的企业才有可能输出我们的管理，真正开始我们的国际化步伐。

综上所述，我们的管理者必须在整体和创新这两个方面多下工夫，认真结合中国的实际，才有可能创造出自己的管理特色。这样我们的企业家也许会少走一些弯路，节省一些时间，保留一些精力，去做更重要的事情。而国学从基础上是很难指导现代管理的。

从组织发展规律假设看《大学》

《大学》在宋代被程氏兄弟程颢、程颐及朱熹的极力推崇，认为是儒家学说中入门的纲要，极大地提高了其在儒家各种经典中的地位。《大学》被认为是整个儒家学说的基础和基本框架，是儒家学说的纲领性文件。

《大学》一书也曾被孙中山先生认为是："中国的政治哲学，谓其为最有系统之学，无论国外任何政治哲学家都未见到，都未说出，为中国独有之宝贝。"

《大学》论述的是"治国平天下"的理论，主要是由三条基本原则和八个方法步骤组成，这就是常说的"三纲八目"。其实《大学》讲述的是实现目标的基本步骤和先后顺序。《大学》开始就提到："物有本末，事有始终，知所先后，则近道矣。"

如果我们不从政治的角度来理解，而是和现代管理结合起来，"三纲"描述的是一种管理的基本步骤和管理所处的状态。"明明德"—"新民"—"止于至善"似乎对应于管理中的"提出一个新的、更高的目标"—"改变组织成员旧的思想，进行组织变革"—"达到一种新的状态、完成新的目标"。如果从这个角度来分析，《大学》对现代管理过程的描述还是基本符合规律的。

"八目"所描写的更是实现目标的基本步骤："格物"、"致知"、"诚意"、"正心"、"修身"、"齐家"、"治国"、"平天下"。由此可以看出，前四项是为“修身”做准备，而后三项是“修身”想要达到的目的。其实，《大学》的目的就是要“修身”，这是整个儒学的基础，也是其根本所在。《大学》中谈到：“自天子以至于庶人，壹是皆以修身为本。”

“修身”就是一种个人的品德修炼，最终就是要进入一种“仁”的境界，这是儒家学说所坚持的根本。通过一种个人的修炼，提高自己的各方面的能力，学成后进入社会开始施展自己的各种远大抱负，这个过程是大多数中国人所认同的一种方法和步骤。这种模式也是大多数人觉得可以理解、非常正确的一种模式。但是，这种模式是否正确，或者说是否适应现代社会的发展？是值得商榷的。主要原因是：

1. 古往今来，绝大部分的成功者都根本没有使自己的“修身”达到了“仁”的状态。很难说他们都真正做到了“诚意”、“正心”。大部分成功的人们所采用的都是“小人”的手段，而绝不是“君子”的处事方法，刘邦的成功和项羽的失败就是最好的例证。

2. 个人修炼的过程和实现组织目标的过程完全是两种不同的方法和模式。通过个人修炼而达到组织的整合并不是顺理成章或水到渠成的事情，有时完全是两回事，虽然二者之间具有一定的联系，但并不存在必然的关系，这就是为什么学习型组织会成为潮流的原因。学习型组织最基本的要求就是组织成员的共同学习和提高，是组织成员共同的修炼而不是组织成员各自独立的修炼。儒家文化希望通过提高个人的能力和修养，达到治理国家、治理其他人的模式在现代社会是违背平等、自由等基本原则的。现代社会需要的是配合、是合作，是大家共同努力、共同想办法完成目标，是组织成员和谐和共同发展，而不是凭借一己之力去“治”组织“治”别人。如果每个人都想着自己是如何高明，如何去“治”别人，从而来实现自己的目的，这样的组织是很难团结一致来实现组织目标的。如果每个人都觉得自己是在被别人“治”，他如何能真正从心中服从你的指挥和安排？如何能真正发挥出自己的最大潜力来协作和配合其他同事，来实现组织的目标呢？

3.《大学》中的重点仍然是关注个人修炼的提高，没有关于组织整体配合发展的思想。

《大学》中“八目”的后三项：“齐家”、“治国”、“平天下”，本来应该论述的是一种如何实现组织管理和组织发展的程序和办法，但是《大学》却将这种程序和办法归结为一种封建的“礼制”，就是要做到：“孝”、“慈”、“弟”；或者是：“仁”、“敬”、“孝”、“慈”、“信”等。《大学》的组织原则就是要回归“礼制”，因此又完全变成了一种为封建统治阶级服务的工具。

4.《大学》中对个人的修炼进行了约束和限制。“格物”、“致知”如果是鼓励个人对未知世界的探索，是鼓励对自然规律的寻求和掌握，这是非常必要的一个阶段。但从“诚意”、“正心”开始就对个人的修炼进行了逐步的限制，并且将个人的修炼引入了一种永远不可能达到的所谓的“完美”状态，使个人修炼进入到一种歧途，并最终引入符合封建统治阶级的“礼制”之内，从而永远在君、臣、父、子的礼制体系中，在永远不可突破、永远不可逾越的“礼制”体系中去做一种永远的修炼，去达到那些永远不能达到的修炼目标，这正是封建统治阶级所需要的。

组织发展规律假设告诉我们，任何组织的发展都离不开组织整体的配合和组织中个体的创新。通过以上的分析，我们可以看出：《大学》中所论述的组织发展的方法，就是一种“礼制”，只要实行了“礼制”，那么家庭、国家、天下等组织配合就可以完美无缺，就可以达到天下大治。这也是《论语》中所表达的中心思想，就是要“克己复礼”。

“礼制”所维护的就是不同封建统治阶层的利益。这些统治阶层是决不允许其他人来打破这种阶层体系的，你只能在你所在的阶层中去修炼，只要你不去破坏这种阶层的格局，不危及统治阶层的利益，你就会被鼓励去继续修炼。从这个意义上来说，儒学就是中国古代统治阶级用来愚民的一种工具。

《大学》中所倡导的这种组织管理的程序和方法是完全违背社会发展规律的。任何社会组织整体的发展取决于组织成员共同努力的程度，决不能靠定出层级、定出制度就可以实现一种优异的组织整体配合，也决不能靠某个人在“修炼”后通过要手段、用技巧去“治”人而达到组织的团结和配合。

《大学》所提出的个人修炼也不利于个体的创新。因为诸多的限制，使个体的个性受到了压抑，它给个人的修炼规定了所谓“正确”的道路，限定其组织成员只能向一个规定的方向发展，这种模式下产生的创新也是不全面的，甚至是不正确的。

通过组织发展规律假设，我们可以清楚地看出：《大学》在形成组织的整体配合和发挥个体的创新这两个方面的思想都是存在问题的，因此《大学》作为儒学的纲领性文件，很难为现代的组织管理和发展提供有益的借鉴。

儒学的个人修炼与现代组织的发展

在中国的传统学说中，最重要的部分就是关于个人的修炼。应该说关于提高个人的基本素质，鼓励人们从善，讲究因果报应等，是任何一种学说能够流传下来的基本要求。人类作为一种有智慧的高级动物，本身就具备一种追求自身心理平衡的要求，否则就会产生各种心理疾病，最终危及人类自身的生存！无论是西方的各种宗教还是亚洲的佛教、道教，都侧重于一种个人的修炼，寻求一种个人心中的平衡。

但是儒学中个人修炼的目的还不只是达到一种个人从善，获得心理平衡的目的。儒学还有一种更大的目的，在《大学》中作出了一个纲领性的总结，就是从“格物”、“致知”、“诚心”、“正意”、“修身”的个人修炼，达到“齐家”、“治国”、“平天下”的最终目的。《论语》《孟子》中所描述的大量如何修炼成君子的论断，其最终目的也是“治天下”。因此“半部《论语》治天下”的宣传，吸引了无数的人去学习和实践他们的学说。这种将个人修炼的目的扩展到可以“治天下”的目的，确实是一个非常大的诱惑，毕竟大多数人都有一种权力欲、控制欲以及出人头地、光宗耀祖的梦想。

儒家学说中关于个人修炼存在很多的误区：

误区一：将个人修炼作为成为“士”的台阶。

自秦始皇统一中国以后，为了维护统治阶级的地位，统治者必须提出一种可以合理解释的社会管理制度，这就是“礼制”，一种对社会成员严格的等级划分制度。这种制度必须为社会成员设计各种发展的模式，“士、农、工、商”就是基本的代表。“农、工、商”作为社会的最底层，比较容易管理，但是社会中总有一批“精英”人士，他们不会满足于在“农、工、商”的社会底层中，他们总想折腾点事情，指出现有管理制度中的不足。因此统治者必须要给他们找一条出路，让他们的精力有个途径可以发泄出来。于是统治阶层就设计了一条官路，让有能力的人成为社会的管理者。这条路在中国延续了两千多年，于是中国社会就形成了“万般皆下品，唯有读书高”的共识。于是“书中自有颜如玉，书中自有黄金屋”也成为“精英”们的共识。这也是中国社会“千军万马齐过独木桥”的前身。个人修炼便成为做“官”的唯一台阶，成为读书人的终极目标。

误区二：将个人修炼作为不能成为“士”的补充。

但是官职是有限的，并且职位越高竞争越激烈。为了有限的名额，竞争是必然的，失败的也是大多数。对于失败者只能说你的修炼还不够，还达不到要求，必须继续修炼。儒家学说还提供了修炼的另一条出路，就是修炼成“君子”，你可以不做官，但你不能不成为“君子”。“君子”是一种完美修炼的代表，其目标是高不可攀的，你可能永远都达不到。

误区三：将个人修炼引入追求完美的歧途，限制了个人独立个性的发挥。

中国古代君子的修炼就是要求在各个方面都修炼成第一或最好，这才是君子的最高目标。但是，我们知道人都是有长处也有短处的，世上没有十全十美的人，而君子的目标就是要达到十全十美，因此这是一个永远不能实现不能达到的目标，将你的精力投入到一个无法达到的目标之中，并且还让你永远处于一种自责和内疚的状态，这就是一种对人性的桎梏。

误区四：将个人的修炼与团体的合作割裂开来，使修炼进入歧途。

人类发展是需要组织、需要一种团体的力量。在团体中，大家取长补短，互相帮助，各自发挥自己的长处。而儒家的君子修炼，摒弃了团队的合作，讲究个人的修炼，是一种个人的努力，是一种个人的提高，将这种个人的努力引入了一条永远不能实现的歧途，限制了个人独立个性的发挥，也限制了个人给组织和社会带来创新的机会。

现在学习型组织流行的原因，就是需要一种组织的学习，而不是一种个人独立的学习。只有共同的学习，使组织成员共同的提高，最终才能提高组织整体的效率，实现组织整体的目的。

用组织发展规律假设来分析，儒家学说个人修炼的这种模式，既对社会、对组织的发展不利，也对社会成员的个人发展不利，其最终的结果，将会使组织的发展陷入停顿状态。

墨家学说接近现代管理思想

从中国古代的其他学派中，我们发现只有墨子的学说是与现代社会和现代企业管理的思想相近。只是墨子的学说在秦、汉以后就没有得到宣传和推广，据说到清朝时期才有人开始整理并注解墨子学说，这其中两千多年的时间跨越，不能不说是中华民族传统文化的一个巨大损失。

为什么说墨子学说最接近现代社会和现代管理的发展思想呢？主要从以下几个方面表现出来：

1. 墨子学说中“兼爱”代表着一种平等的思想。“兼爱”是墨子学说的代表，也是被儒家痛骂的根源。但是“兼爱”的基础就是一种人人平等的思想，这是现代社会发展的基础。墨子在《墨子·法仪》篇中说道：“今天下无大小国，皆天之邑也。人无幼长贵贱，皆天之臣也。”并提出：“爱人利人者，天必福之。恶人贼人者，天必祸之。”这与儒家学说严格的等级划分是相反的。简单地说，墨子倡导的就是一种“人人平等”的思想。墨子的这种“兼爱”的思想，是现代社会人们合作的基础，也是现代社会发展的基础。墨子在“兼爱”中说到：“夫爱人者，人必从而爱之。利人者，人必从而利之。恶人者，人必从而恶之。害人者，人必从而害之。”体现了一种相互交流、平等对待、平等互利的思想，这是人们在组织中合作的基础。在现代管理中，平等互利也是合作的基础，没有平等就没有合作，没有互利也没有合作！

2. 除“兼爱”之外，墨子学说还有一种“兼”的思想。这种“兼”的思想包括容纳、互动、相互促进的思想，体现了组织成员之间合作、配合的思想内容，这与现代组织的发展规律也是一致的。在《墨子·亲士》篇中墨子明确指出：“是故江河之水，非一源之水也；千镒之裘，非一狐之白也。夫恶有同方取不取同而已者乎？盖非兼王之道也。”这就说明了应该兼收并储，容纳各方面的人才，国家才能够发展。这种包容的思想也是现代社会发展的必然。

3. 墨子学说中的“尚贤使能”也是现代社会发展的基础。墨子学说倡导“尚贤使能”，在《墨子·尚贤》篇中，墨子提出：“故古者圣王甚尊尚贤，而任使能，不党父兄，不偏贵富，不嬖颜色。”这与现代社会中提供公平的竞争环境、选拔德才兼备的人才是一致的。

4. 墨子主张“尚同”。就是要统一全国人民的思想，使大家集中到“贤者”所提出的好的思想和行为上来，使全国上下保持一致。这就是一种使一个组织保持整体、配合统一的思想。墨子说：“察国之所以治者，何也？国君唯能壹同国之义，是以国治也。”“是以谋事得、举事成、入守固、出诛胜者，何故之以也？曰：唯以尚同为政者也。故古者圣王之为政若此。”墨子深刻地认识到唯有保持国家和社会整体的一致，才能形成一种整体的力量，国家才能较好的发展。这种使组织成员保持思想一致、行动一致的“尚同”思想，是任何组织发展壮大的基础。

5. 墨子主张“非攻”。墨子强调不要大国进攻小国，强国欺负弱国。墨子在“兼爱篇”中说道：“仁人之事者，必务求兴天下之利，除天下之害。然当今之时，天下之害，孰为大？曰：若大国之攻小国也，大家之乱小家也，强之劫弱，众之暴寡，诈之谋愚，贵之敖贱，此天下之害也。又与为人君者之不惠也，臣者之不忠也，父者之不慈也，子者之不孝也，此又天下之害也。”而要消除天下之害，就是要先管理好自己的国家，发展好自己国家的政治、经济和文化。使其他国家的人民向往你的国家，希望到你的国家来生存，希望接受你们国家英明国君的领导和治理。这似乎和孙子兵法中“不战而屈人之兵”的思想是一致的。也许这就是一种通过经济、文化来“进攻”，而不是通过武力来“进攻”别的国家。这和现代社会各国之间的经济、文化的竞争又是多么的相似。

6. 墨子主张“节用”、“节葬”等，也符合现代社会绿色环保、可持续发展的思想。

7. 墨子的学说不是“坐而论道”而是“身体力行”。墨子学派本身就发源于工作实践之中，他们都是一些能工巧匠，是制作工具、机具的高手。他们将墨子的理论应用于实践，在生活中省吃俭用、不辞辛苦，努力帮助弱小的国家抵御别国的进攻。墨子的学派是一种理论和实际相结合的学派，如果在中国两千多年的发展中，这种学派的模式得到了倡导和认可，就不会在中国古代形成重文轻理、轻视科学的思想，也许中国的发展就可以走出另外的一条道路。

将墨子学说的这些思想和我们研究的组织发展规律假设结合起来，我们可以清楚地看到，墨子的学说鼓励平等、鼓励合作、鼓励形成整体的配合，发挥“尚同”的力量，这是与现代组织管理的发展方向是一致的。同时墨子的“尚贤使能”也是在鼓励人们的创新，发挥出各自的“贤能”，社会选拔有“贤能”之人，企业任用“贤能”之人，形成尊重“贤能”的气氛。向“贤能”之人学习，这也是我们现代的企业管理所必需的。从这两个方面都可以看出，只有墨子的学说是比较符合人类现代社会发展规律的。由于墨子的平等和兼爱不倡导严格的等级划分，因此得不到封建统治阶级的认可，墨子的学说没有得到过去封建统治阶级的认可，也不可能得到正面的倡导和流传，因此也没能够在古代中国流行起来，这是中华民族的巨大损失！如果过去的中国有更多的人遵循墨子的学说来发展社会和经济，也许过去的中国就不会故步自封，最后落到挨打的局面，也许现代工业文明的革命就会在中国发生。

第六章

大国崛起的秘诀

在中国崛起的过程中，关于大国兴衰的原因最能触动中国人的心。每一个中国人都希望中华民族能够再次在世界上崛起，总结大国兴衰的根本原因，我们愿意发挥和坚持那些对我们崛起有利的因素，改进和消除对我们崛起不利的因素。每个国家都希望自己发展壮大，都希望自己位于世界发达国家的行列。

试解“李约瑟难题”

早在20世纪50年代，英国科学技术史专家李约瑟曾提出“为何近代科技与工业文明没有诞生在当时世界科技与经济最发达繁荣的中国”。这就是著名的“李约瑟难题”。

这个问题可以这样来问：“为什么在中国的古代，人们具有创新的能力，社会具有创新的体制，而后来却失去了这种创新能力和创新体制呢?”古代的中国具有创新能力和体系，因此能产生在当时非常伟大的科学技术成就，而后来的中国却逐渐失去了这种创新能力和体系，导致没有能够产生现代的科学技术。这究竟是什么原因？我们又应该从中吸取什么教训?

组织发展规律假设一告诉我们，一个组织的发展依赖于组织中个体的创新，只有个体的创新才能带动整个组织的发展。中国的古代曾经产生了伟大的科学技术，说明中国古代的社会中，社会成员的创新状态达到了一个较高的水平，而后来的社会没有能够继续保持社会成员的创新能力和状态，因此就不可能产生现代的科学技术。并且这种失去创新能力和体系的状态不是一种短时间的状态，而是在中国的历史上存在了较长的一段时间，导致中国人逐步失去了创新的能力，社会失去了支持创新的体系。

很多学者总结，中国古代科技水平落后于西方是从明朝中期开始的，其根本原因是闭关锁国，不能对外交流，不能学习来自海外的先进科学和技术。直到清朝末期被帝国主义的坚船利炮打破了国门，而被迫开放。但我认为这只是造成中国科技水平落后的一种外因，并没有总结出导致中国科技落后的内因。对外的交流和学习是可以提高我们的科技水平，但是如果我们失去了自身的创新能力、弱化了自身的创新体系的建立，即使我们可以学习别人的先进成果，也只能永远跟在别人的后面。如果我们不解决如何发挥出自己的创造力，拥有自身的创造环境和创造体系，我们仍然会落后。北洋水师的军舰吨位和舰炮的口径当时都是亚洲第一，但却打不过日本的舰队，如果我们没有能力消化别人的发明，我们还是会落后。

中国的落后是一种社会创新机制的落后，这种创新的机制从秦始皇统一中国以来，在两千多年的封建帝制中都没有能够很好地建设起来，由此逐步积累了中国的落后。但是中国在汉、唐、宋等朝代为什么能够成为一个富饶、文明的朝代，并在相当长的一段时间之内具备较高的生产力发展水平，也产生了名扬世界的古代科技成果，成为当时西方蛮荒之地敬仰的东方文明呢？这正是李约瑟难题的根本所在。

如果用组织发展规律假设来分析，原因是非常清楚的。组织首先要形成和发挥整体的力量，整体配合的力量既是力量最大也是效率最高的。但是组织的发展最终还要依靠组织整体中个体创新的力量，通过个体的创新来带动整个组织持续的发展。发挥组织整体的力量与发挥个体创新的力量在一个组织中是同等重要的，不能过于依赖整体的力量而忽略个体创新的重要作用。中国能够形成文明古国，产生伟大的古代科技，就是来源于秦始皇统一中国后整体力量的大大增强和统一之初的有利于创新的环境。而中国的落后又来源于过于依赖国家整体的力量，为保持统治阶级的政权稳定，逐渐压制和忽略了个体创新环境的形成和建设，我们所熟悉的“飞鸟尽，良弓藏”，“狡兔死，走狗烹”反映的就是当组织建立起来后，创新的人和事物都可以放在不重要的位置。封建王朝建立起来后，保持他们的统治地位就成了第一重要的工作，各种新思想都不能动摇他们的统治，因此各种创新都会被压制，创新的环境也不被倡导。

秦始皇统一中国以后，中国形成了一个庞大的整体的国家，它可以整合原来分散在七国的人力、物力、财力，完成更大的目标。正如秦始皇可以筑长城，修直道，建灵渠，保护国内的人民不再受外敌的侵袭，可以安居乐业。一个整体统一的国家，有更大的财力来解决不同地区的自然灾害，解决不同地区的平衡发展问题，为人民提供一个相对稳定的生活环境，这种状况也得到了人民的认可。因此中国自秦统一后，虽有暂时的分裂，但始终是一个统一的整体国家，这是人民的选择。正是这种统一和稳定，使国家具备了强大的整体力量，依靠这种整体的配合和协作，中国就在当时发展成为了世界上最大的国家，成为了一个伟大的文明国家，也产生了伟大的文明成果。当时中国的整体生产力水平是世界总水平的一半还要多。

中国古代在宋朝以前，对人民的限制还是相对较少的，人民生存的环境相对比较宽松，有利于创新的环境，人们的个性得以发挥，因此各种创新也较多。个体的创新和宽松的环境推动了中国古代科学技术的发展，中国的四大发明都产生于宋代之前。随着中国朝代的更迭和发展，为了维护统治阶级的利益，特别是为了维护皇权的稳定，对民间的一些活动就开始限制。秦始皇“焚书坑儒”就是对不同思想和言论的一种残酷打击，也是一种对中华民族创新思想的打击。到宋代开始的“罢黜百家，独尊儒术”更是明确限制了其他思想和文化的发展，这种限制思想和言论的行为直接限制了人们的个性发挥，打击了社会成员多样性的选择，实质上就是逐渐的压制了社会成员的创新，也影响了创新的环境和条件，中国的创新就开始走向了下坡路。元朝更是由于外族的入侵，对社会成员的限制和打击更为严厉，各种新思想更难成为社会的主流。明朝闭关锁国，到清朝的“文字狱”，连文人在一起的思想沟通、交流和议论都可能引致杀身之祸，我们如何还敢有创新呢？社会还怎么有创新的环境呢？

我们的研究表明，创新取决于两个主要的方面：一方面是社会成员个性的发挥，只有独立的个性，才有创意的源泉，才可能产生独特的思想和方法；另一方面是社会和制度必须形成一种有利于鼓励创新的环境和气氛，保护、支持、引导、促进、激励独特个性的社会成员，使他们能够产生源源不断的创意，从而推动整个社会的进步和发展。

通过对传统文化的分析，我们了解到在中国的传统文化中，整体和创新两个方面都没有做好。首先，中国的传统文化是压制每个社会成员独立的个性的，“克己复礼”、“中庸之道”就是中国传统文化中对个人教育的核心，这种教育限制了社会成员独特个性的发展，将人的个性发展都压制在一个统治阶级希望的框架内，这样的教育和制度是无法产生创新的。这种体制延续了上千年，中国人的创造力也被逐渐地压灭了。其次，中国传统的社会环境不鼓励创新和冒险，“万般皆下品，唯有读书高”、“枪打出头鸟”、“木秀于林，风必摧之”，将科学技术、工具设备方面的创新认为是“奇技淫巧”，从来就不予重视，更谈不上支持和帮助，整个社会环境都不利于保护和激励创新。中国传统的社会资源都集中在做“官”上，通过科举体制选拔上来的官员，对于其他社会方面的创新者都是有意或者无意的贬低，社会其他方面的创新者都不如读书做官好。在这种环境下，工程、科技方面的创新无法得到应有的支持和鼓励，因此在后来的中国也就无法创新出现代的科技文明。再次，中国古代社会过于沉迷于整体的力量中，沉湎于“泱泱大国、物产丰富、自给自足”的表象之中，缺乏对创新的需求和紧迫感。可以说，中国的古代文明得益于国家整体的形成，得益于整体的力量，而古代文明的衰落又与过于依靠整体的力量，没有发挥社会成员个体创新的力量有关。

正是这些方面的原因导致了中国人的创造力越来越低，最终再也无法产生新的创新，也就不可能产生现代的科学技术，同样也无法诞生现代的文明。虽然，李约瑟的难题主要在科学技术方面，但科技与文化是联系在一起的。中国早期科技的发展得益于中国古代社会整体的力量与发展，得益于早期较为宽松的创新环境。而后来，中国科技的落后又是因为过于依赖整体的力量，甚至是为了保证皇权的稳定，不惜限制和压制社会成员中的创新的源泉，破坏创新的环境，长此以往，中国人的创造力被尘封已久，因此也就无法诞生现代的科技文明。

大国的兴衰

经过30多年的改革开放发展，中国GDP总量已经成为世界第二，钢铁、水泥、汽车等多种产品的产销量已经成为世界第一。改革开放30年，中国快速的崛起已经得到世界各国的公认。在这个期待和伴随中国崛起的特殊时期，中国是否能够真正崛起，是否能成为一个新时期的主导国家，是否能够在世界发挥大国的作用，在崛起的过程中我们还需要学习什么？加强什么？一系列的问题都需要我们在实践中解决。

美国学者保罗·肯尼迪所著的《大国的兴衰》就是一本分析大国兴衰原因的书籍，这本书的副标题“1500—2000 年的经济变迁与军事冲突”。直接反映了保罗对大国兴衰的原因分析和结论：军事冲突或战争胜负的根本原因在于冲突双方的经济实力，经济实力大的一方，最终会取得胜利。

保罗认为：“一流的国家在世界事务中的相对地位总是不断变化的。主要原因有二：一是各国国力的增长速度不同；二是技术突破和组织形式的变革，可使一国比另一国得到更大的优势。”这就是本书的论点。

但是，如何提高一国的增长速度以及如何实现技术突破？保罗却没有清楚地提出他的结论。只是在他的书中提到了一些观点，如：东方帝国采用中央集权式的管理，要求其国民统一信仰和实践，无论在政治活动、商业活动甚至武器制造方面都要采用规定的模式。这就降低了一个国家的增长速度，同时也压制了竞争中的技术突破和组织形式的变革。而西方因为没有一个统一的中央集权式的政府，各部分的征战推动了科学技术和商业活动的发展，使西方获得了更高的发展速度，超越了东方。技术突破需要创新，组织形式的变革同样需要创新，特别是组织形式的变革必然会牵涉到原有的组织结构，对原有的组织结构带来冲击和改变。保罗的结论似乎印证了我们对“李约瑟难题”的解释，其核心就是由于创新的不足，导致了这些国家在技术突破和组织形式变革上的落后，并由此使整个组织的发展速度降低或停滞，最终被其他国家赶上。

无论保罗提出的结论是否正确，《大国的兴衰》总结的原因也给了我们一些启示。一个国家的兴衰取决于整体的经济实力；而在发展过程中，保持一种相比其他国家更高的增长速度也是非常重要的，要获得超过他国的经济实力，技术突破的创新以及组织形式的创新变革是非常必要的。

一个国家、一支军队、一个企业都是一个组织，大国兴衰的原因就是组织兴衰的原因。保罗给我们分析了大国兴衰的原因，如果用组织发展规律假设来分析，我们对保罗的结论又会有一种新的认识。

组织发展规律假设告诉我们，组织的发展取决于组织的两个方面：一是组织整体的配合，反映出组织整体的力量；二是组织的发展要依赖于组织成员的创新。保罗的结论是符合组织发展规律假设的。国家的整体实力是竞争中取胜的决定因素，没有整体的实力，国家就不会成为大国，也无法在战争中取胜。在实践中我们看到：只有创新才会提高一个国家的经济增长速度，技术突破来源于创新，组织变革同样属于创新的范畴。因此，保罗的结论就是通过创新来实现组织整体力量的增大，实现一个大国的崛起。组织发展规律假设的整体和创新在这里得到进一步的体现。

关于如何提高一个国家的整体实力问题，组织发展规律假设三也指出了明确的方向：一个组织的发展要经过三个阶段，其核心就是组织成员的配合程度，配合程度决定了组织整体力量的发挥程度，通过组织的资源和组织成员形成有意识的配合—无意识的配合—有意识的创新配合这三个阶段的发展，最终实现组织的发展与壮大。而达到第三阶段的组织，正是在整体配合的基础上创新的组织，实现了组织中整体配合与创新的有机结合，这是组织实力最优的状态，也是大国崛起必须遵循的发展规律。美国的迈克尔·波特教授对国家优势的发展分析为我们提出了进一步的例证。

富国究竟因何而富

国家竞争优势中关于国家发展的阶段

美国的迈克尔·波特教授因为竞争三部曲而闻名于世，他在《国家竞争优势》中提出了著名的钻石模型来分析一个国家的竞争优势。在这本书中，他提出了一个国家竞争优势的发展阶段的划分理论。

波特认为一个国家的经济发展分为四个阶段，即生产要素导向阶段、投资导向阶段、创新导向阶段和富裕导向阶段。前三个阶段是国家竞争优势发展的主要力量，通常会带来经济上的繁荣和国家实力的增强，而第四个阶段则是国家经济发展上的转折点，有可能因此而走下坡。

在国家经济发展的第一阶段，国家经济发展依赖其本国的一些基本生产要素。如矿产、原材料、低成本劳动力等原始的、基本的生产要素。通过这些最基本的生产要素具备的比较优势，来获得国家经济的发展。

在国家经济发展的第二阶段，通过面对国内的竞争来提高企业的规模、技术、质量和服务。在这个过程中，国内的企业处于一种在国内市场竞争中锻炼的阶段，并在国内的市场竞争中得到长足的发展；在这个阶段，国家与企业都强调发展本国智能，利用本国的市场、服务本国的消费者，这就是一个不容易跨越的门槛阶段，需要通过本国的竞争而发展本国资本和企业的能力。

在国家经济发展的第三阶段，经过本国市场锻炼的企业发展出了锐不可当的竞争力，并开始向国外发展，资本进入到投资国外的阶段，向国外输出管理。这个阶段的企业既可能向垂直深化发展，也可能向横向水平发展，服务业也开始走向国际化。

在国家经济发展的第四阶段，国家社会价值挂帅，经济活力开始下降。能够维持优势的有四类产业：第一类是本国仍维持高水准和高级需求的产业；第二类是该国长时间投资的特定领域所形成的包括基础科学、艺术、高级专业化教育等；第三类是具有抢先进入优势的产业；第四类是该国保有的初级生产要素优势的产业。在这个阶段，国内企业会出现两极化的表现，国家经济发展也会出现波动，不一定是直线前进的过程。

如果把波特的国家经济发展的四个阶段与我们的组织发展规律假设来对比，我们可以看到它们非常的相似。

从组织发展规律假设的三个阶段划分我们可以看出：第一阶段对应于生产要素导向阶段。使用生产要素导向的优势是不需要配合的，生产要素的优势是天生的。拥有石油、矿产、低成本的劳动力资源等这些要素都是一种天然的优势，这些优势的形成不需要高水平的管理和技术，不需要社会成员的高水平配合与协作，也不需要更多的创新，甚至资本的投入也很少，这个阶段的效率不高。

波特认为：国家如果停留在生产要素导向阶段，几乎注定无法持续提高生产力，扩张成具有国际竞争力的产业类型。21 世纪以来，几乎没有一个发达国家是以充沛的资源条件达到经济的持续繁荣，并能够参与国际上知识密集的产业竞争。波特认为唯一例外的是美国，美国具备资源优势，又是知识经济中强有力的竞争者。这是因为美国历来信仰自由竞争，而且一次次的移民更带来崭新强烈的创业动机。

组织发展的第二阶段是形成默契配合的阶段，对应于国家经济发展的投资导向阶段。这个阶段国内资本、人才和技术进行配合，不断提升各种产品的生产规模，不断提高产品的质量，不断降低产品的成本。对消费者的服务也在竞争中不断完善，具备了较高的服务水平和技巧。这个过程中企业通过配合实现了产品和服务的增值，创造了新的价值。这个阶段管理发挥了重要作用，企业经营比单纯地买卖原材料要有更高的附加价值，体现了企业整体配合效率的提高。

组织发展的第三阶段是在整体配合基础上的创新阶段，对应于国家经济发展的创新导向阶段。这个阶段的特点是以创新为核心，通过创新来扩展国外的市场。由于企业在国内市场竞争中得到了全面的锻炼，产品的生产、质量、服务、品牌都得到了长足的发展。这时的企业可以开始输出资本、输出技术、输出管理、输出服务，从国外的市场获取更大的利润。波特认为这是国家经济发展最好的阶段，组织发展规律假设也认为这是组织发展的最优阶段，因为这个阶段企业开始利用全球的市场、利用全球的资源，体现了企业在全球范围的整合与发展，这个阶段企业是一种利用全球资源的配合，形成了一种更大的整体，利用了全球的创新能力，这个阶段组织的效率更高。

对于波特提出的国家经济发展的第四阶段——富裕导向阶段，其实是一种国家经济下滑的阶段。组织发展规律假设告诉我们：组织的发展不进则退，不向更高的阶段前进，组织就会倒退。组织如果不能保持在第三阶段，就可能退回到第二阶段，甚至是第一阶段，我们常见的企业发展停滞、大企业病、企业官僚主义严重等，都是企业发展倒退到组织配合的第二或第一阶段。这时候企业的效率会降低，有的企业会陷入破产的境地。

波特认为国家一旦走入富裕导向阶段，经济迟早是要走下坡路的。当国家经济陷入富裕导向阶段的泥潭后，它有可能重回生产要素导向阶段。曾经在十二三世纪独霸全球经济的意大利，它的产业表现则似乎一直在富裕导向、生产要素导向、创新导向等阶段循环。波特认为如果想要打破富裕导向阶段的下滑趋势，往往需要改变政策、跳脱惯性，或大幅改变社会成员的社会价值。

通过以上的对比分析，我们看到组织发展规律假设与波特的国家经济发展的四个阶段是非常吻合的。组织的发展要经过三个阶段才能达到最优的状态，如果不能保持在第三阶段，组织的配合就会重新退回到前面的阶段，这时候组织的效率会降低。

通过对组织发展规律假设和波特国家经济发展四阶段的分析，我们可以看出一个国家的崛起也需要经过组织发展的三个阶段，从依赖生产要素的低效率、原始积累的阶段，发展到依靠国内市场的投资竞争阶段。通过国内的竞争，提升产业发展的能力，在产品规模、质量、技术、服务、品牌等企业管理的多个方面，使企业得到发展和提高，这个过程需要政府、企业、教育系统的配合，尽快形成一种全社会默契配合的程度，实现和谐社会的发展。当我们的企业具备走向国外的实力时，我们就要依靠创新进入第三阶段，通过创新来带动我们企业的发展，带动国家经济的发展。我们要依靠我们的机制和体制，力争更长时间地保持在第三阶段，实现中华民族的真正崛起。

富国究竟因何而富

为什么有些国家富裕，而有些国家贫穷呢？为什么有些国家能够从贫穷发展成为富裕或较富裕的国家？很多专家学者都在研究这个问题，这也是大国崛起的另一种原因分析。印度裔经济学家帕萨·达斯古普塔（Partha Dasgupta）在这个方面作了大量的研究。

经济学家的研究认为：

富国拥有更多的物质资本——更好的道路、更大的建筑和更多的机械。

拥有更多的人力资本——居民接受的教育和培训更好，也更加健康。

拥有更多的技术资本——更多的科学家、更先进的技术和更多的知识产权。

达斯古普塔认为这不是根本的原因，因为这三种资本都有可能迅速发展和提升，中国发展的案例就证明了这三种资本都可以从低到高的发展。

根据以往经济学家的研究，富国具有更好的制度。这种制度的背后就是保证社会的成员能够按社会协议的要求履行自己的职责，也就是扮演自己的角色。达斯古普塔提出：什么时候我们可以预期其他人会遵守这些协议或准协议？

按照《博弈论》进行研究分析，达斯古斯塔得出两个结论：

第一，稳定的社会——在这个社会，欺诈行为能够被发现，并且只要未来拒绝与其做生意，就能使其受到惩罚——是成功制度的先决条件。如果所有互动都是一次性的，那就不可能进行合作，而所有那些在机械、教育和创新方面的惊人投资就永远不会发生。

> 第二，合作是极端脆弱的。达斯古普塔的《博弈论》表明，即使是一个成功的合作社会也往往存在崩溃的可能性。他表示：“破坏制度比建立制度更容易。”
>
> ——英国《金融时报》

通过组织发展规律假设来分析，我们认为达斯古普塔的观点是有道理的。社会的发展同样需要整体和创新，社会的稳定是形成整体的基础，整体来源于社会成员的相互配合。如果社会不稳定，社会成员对未来也不会有稳定的预期，社会成员的配合只能是短期的，直接的，利益可见的，这种配合很难形成稳定的整体。只有社会稳定，社会成员才有可能在各方面长期的投资，社会不稳定，资本就会因为风险而逃走，或者只能做短期的投资，因为未来的不稳定，谁也不会去承担变动的风险。社会稳定才能让社会各阶层的人团结在一起，这就是一种通过合作而形成整体的结果。

达斯古普塔的第二个观点也印证了组织发展规律假设，社会的发展需要合作，而做好组织中各方面的配合是非常不容易的，形成默契的配合也不容易。形成合作不容易，而破坏合作却很容易。如果社会各方都不合作，也就无法形成整体的力量，穷国就永远是穷国。组织发展规律假设指出了组织发展的三个配合阶段，每上升一个阶段都会提升组织整体的效率和实力。在实践中实现组织配合的升级也是非常困难的，经常会出现损害配合的事件，最终使组织的配合程度下降。正如达斯古普塔所说的：“合作是极端脆弱的。”

组织需要创新来带动组织的发展，但有时候创新也会给组织带来不稳定，甚至会冲击组织原有的配合，引起组织的重大变动。金融危机就是因为创新过度而导致席卷全球的金融风暴。达斯古普塔对富国因何而富的原因分析从另一个方面体现了组织发展规律假设的结论。

通过以上的分析，我们看到大国崛起背后的原因其实是组织发展规律在发挥作用。国家的崛起也需要遵循三个阶段的发展，组织发展要解决好组织的整体配合，发挥好组织成员的创新作用。只要这两个方面能够做好，大国的崛起就可以实现。

从大多数中国企业目前的现状来分析，我们刚从组织发展的第一阶段向第二阶段转变。我们还处于形成全社会的默契配合阶段，我们的企业内部还需要磨合，我们的管理要提升，我们的产品质量要提高，我们的资源利用率要提高，我们的增长方式要转变，我们的社会各阶层在快速发展中也需要磨合，我们要弥补贫富差距的鸿沟，我们要形成公平、公正的竞争环境，让所有的人都能在社会中有尊严的生活，最终形成和谐社会。然后进入第三阶段，在和谐社会整体的基础上创新，真正地引领世界先进文化与经济的发展，那个时候，我们才能说中国真正的崛起。

全球化的根本原因

世界是平的吗

托马斯·弗里德曼的《世界是平的》一书在全世界引起了轰动，他所论述的全球化概念并不是新鲜的概念，正如他自己所说的，全球化不是他引起的。只是他利用他在世界范围内工作所采集的一些案例，使全球化这种趋势展现在读者的面前，使故事讲起来生动、感人。同时他用世界是平的这个有悖于人们常理的概念，吸引了人们的注意力。

一些研究表明，现在世界上在地面上运输效率最高的是轮式车辆，也就是滚动的传动效率最高。从物理学中我们也知道，物体之间的摩擦系数以滚动摩擦系数最小，使用滚动的传递方式效率最高。因此有人就提出，为什么自然界的动物就没有进化成一种滚动的运动方式，由此获得更高的效率呢？

研究的结果是：由于地球的表面并不是平的，在一种山岚起伏和沟槽遍布的崎岖的地球表面，动物的活动用肢体更为方便，它可以行走、奔跑、跳跃、攀爬，以及捕猎食物更为方便。

世界拥有平地，是人类改造自然的结果。弗里德曼的《世界是平的》，更多的是说明在全球化时代，人们思想和文化之间的高墙和隔断在逐步消失，人类在思想和文化领域的交流获得了更高的效率，这一切都是通过互联网的出现而产生和带来的，因此弗里德曼说世界是平的，是从思想和文化领域来说的。

但如果我们从组织发展规律假设来看世界，世界并不是平的，而是一个联系越来越紧密、配合越来越密切、各个国家和人民之间隔阂越来越少、信息沟通越来越通畅的整体，才是全球一体化的真正含义。任何一个登上太空的宇航员，当他凝视地球时，他的第一个感受就是：地球是一个整体。从太空看不见国界线，看不到种族的区别，看不到文化的差别，地球就是一个蔚蓝色的星球整体。设想当地球遭到外星人入侵，当整个地球面临危机和存亡时，地球人就会抛弃国别与种族的限制，团结起来共同应对外来的敌人与危机，这时候地球人就会成为一个整体，具有了全人类的合力，拥有更大的力量。

随着人类文明的发展，人类相互之间的联系会越来越紧密，配合会越来越默契，因为组织发展规律假设告诉我们，这样会产生更高的效率，产生更大的力量，减少更多的摩擦和浪费，可以为改善人类的生活作出更大的贡献，这就是整体配合发展的结果。全球化的未来和最终目的就是形成更大范围的配合，形成更大的整体，最终可以产生更大的力量。

当今的全球化，是以企业为主体的。企业通过将非核心业务外包，通过对整个供应链的管理，将分散在世界各地的分支机构组成为一个整体，成为一个充分利用全球的有效资源，利用全球各色人种的聪明才智，利用全球的市场来研发、生产和销售自己的产品。这样的产品也应该是全球质量最好、成本最低、服务最好的产品，这样的企业就从原来局限于本国资源和市场扩展为利用全球的资源和市场，使企业发展为更大和更强。

当今互联网和通信技术的发展引起了供应链管理技术的发展，使全球的物质一体化更加快捷和有效，这就是所谓的生产“外包”。互联网和通信技术的发展使不同民族的思想和文化更容易交流和渗透，更容易理解和沟通，而思想的沟通和交流会带来新的相互启发和创意，从而促使全球化的创新发展，推动人类的进步。全球化的根本原因是组织发展规律所驱使的，就是在全球范围内形成更大的整体，在全球范围开展和利用创新，最终获得更大的力量和更高的效率。

供应链管理背后的组织发展规律假设

迈克尔·戴尔于1984年以1000美元创立公司，按客户的要求提供直接的组装计算机服务，到1993年销售额达到20亿美元，用不到10年的时间称雄了美国低端PC的市场。戴尔与微软的最大区别是：戴尔公司不是通过技术创新而是通过商业模式创新成功的。

戴尔可能没有技术方面的创新，但它在商业模式上进行了创新。戴尔早期的电话直销与降低采购成本的方式是成功的根本。早期的戴尔通过电话直销减少了销售的中间环节，降低了销售费用；零件的采购就是以大批量定购，来压低供应商的价格，使戴尔获得了前期的发展。

让戴尔高速发展的真正原因，是引入了供应链管理的理论，与供应商建立战略合作的伙伴关系。戴尔对供应商的零配件生产成本、质量标准、供货时间、库存数量、资金流转等方面提出全面的要求，然后和自己的组装厂全面结合。戴尔公司与所有供应商形成了一种整体的关系，扩大了自己的企业整体的规模，获得了更大的力量，这一切都是通过信息系统的相互连通来实现的。

戴尔、沃尔玛等企业以大规模减少中间环节、降低成本为代表的商业模式创新，为企业的管理提供了新的方向。技术突破和组织形式的变革会带来超越。商业模式的创新就是一种组织形式的变革，它也会为企业的发展带来超越，戴尔与沃尔玛的脱颖而出就是证明。管理是不断变化的，而企业的创新不只是技术上的创新，还应涉及各个方面的创新，创新的目的就是为了企业在某一方面获得整体的优势，而这种整体的优势就是保证企业成功的关键。

沃尔玛、戴尔等企业就是通过实施供应链的管理模式，将各自分散的企业，通过供应链联成一个整体，将过去分散在独立的企业中的利润，联合起来进行重新的整合和分配，使各个环节中的成本降低，最终通过大量的销售，来提高供应链上各个企业的总体盈利水平，这种模式的本质就是一种自身企业整体的扩展，将多个供应商拉入了自己企业的整体，增大了企业整体的力量，这与组织发展规律假设是一致的。

单个的企业在自身的发展中需要形成整体的力量，唯有整体才能提高效率。现在我们看到多个企业通过供应链的管理形成一种既紧密联合又相对独立的形式来发挥整体的力量，从原来的一家企业变成几十家，甚至数百家企业的协作，实现了一种更大的配合，产生了更大的力量。

组织发展规律假设还告诉我们，组织在整体的配合下还要有创新，也就是要达到第三阶段的组织才是效率最高的组织。

在沃尔玛的供应链管理发展过程中，沃尔玛将自己的质量要求、成本要求、供货速度要求以及自己的相关管理制度提供给它的供应商，同时它还直接在谈判中表明：根据我们的分析，成本应该可以降到多少。这给予了供应商直接的压力，同时也帮助供应商改进他们的生产和供应，如果达不到要求，就要被淘汰。戴尔整合供应商的方法也是同样的做法。

这种压力逼迫着供应商不断地改进和创新，否则就会被淘汰。由于供应商相对独立，并面临竞争的压力，而沃尔玛和戴尔等企业以社会最先进的标准来要求供应商，对供应商保持着持续不断的压力，因此他们就必须持续不断的改进。沃尔玛和戴尔等企业相对来说不用去直接管理这些企业，跟不上的供应商就会被淘汰，而他们始终选择最好的，也就是说他们始终可以选择效率最高、创新最好的供应商，获得最新创新的成果。因此他们的整个供应链能够始终保持最好的状态，通过供应链整合的整体组织可以始终保持最好的效率。也可以说，他们通过这些供应商的变换（挑选最好的供应商，淘汰跟不上的供应商），使他们的组织整体尽可能的保持在组织发展的第三阶段——有意识的创新配合阶段。

他们有意识地不断地发掘通过创新使成本更低的供应商，然后通过信息系统使供应商和他们的企业保持一种默契的配合。

以供应链合作形成整体的方式，有效地避免了大企业的一些弊病。诺贝尔经济学奖获得者 R. 科斯教授在《企业的性质》中指出，超过一定经济规模的大企业会存在一些问题，如内部组织约束软化，内部组织的考核走形式等弊端。供应链的合作有效避免了大企业的这些问题，它使这种合作组织既能够充分发挥出整体联合的优势，又可以发挥供应商各自独立在自己企业专业领域的创新优势。这种创新是供应商自发的行为，不需要大企业去激励和管理，这种创新是在通过市场这只看不见的手来起作用的，因此创新的效果是最好的。这种整体配合加创新的组织发展阶段使以供应链整合供应商的企业将获得最好的效率，因此他们会取得巨大的成功。

当然，沃尔玛和戴尔等企业也绝不是对合作供应商完全冷漠和不顾他们的死活，也不是拼命压榨供应商，他们也会帮助供应商成长，与供应商共同成长，这在很多案例中都可以看到。但是这种模式的基本原理是不会改变的，供应链的管理模式将成为企业管理未来发展的方向和趋势。

解读大国崛起的关键点

组织发展规律假设告诉我们：国家也是一个组织，组织的发展依赖于形成整体的力量和发挥组织成员创新的作用，这两个方面缺一不可。大国的崛起也离不开整体和创新这两个方面，过于依靠整体而忽略了发挥个体创新的作用，组织就会逐步的衰落。

一个大国的崛起，其社会成员一定形成了高效率的整体，而建立这种整体同样也离不开合作的基本条件。

1. 建立公平、公正的社会环境，淡化和取消等级观点，建立人人平等的基本结构，在这些基础上，社会成员才会有真正的合作。

2. 建立社会成员通畅的交流机制，提高沟通效率。减少官话、套话，逐步改变“讲面子”的传统文化，提倡直接、简洁的交流方式，降低整个社会的沟通成本，减少合作中的隔阂，提升合作效率。

3. 团结社会各方面的成员，缩小贫富差距，让所有人都能够享受到发展的成果。组织不只是实现自己的目标，而是要和所有成员一起分享达到目标后的胜利果实。没有分享，只有贡献，这样的合作是不会长久的。因此我们不能只讲贡献，只讲牺牲，要讲胜利果实的分享，并且还要实现公平的分配。

一个大国的崛起，离不开社会成员的广泛创新。

1. 要发挥所有社会成员的创造性，形成社会鼓励创新的环境，从制度上保护创新。真正的创新要从鼓励培养具有独立个性的下一代开始，没有社会成员独立的个性，就不可能有真正的创新。要逐步改变教育体制和模式，以培养学生健康的和独立的个性，使他们在未来的成长中能发挥出他们的创造性。

2. 要改善我们的社会环境和气氛，形成鼓励和允许独立个性生存的环境，允许或尊重个体多样性的目标选择，逐步改变那种“枪打出头鸟”、“树大招风”等抑制独立个性和创新的一些陈规陋习。

3. 要改进我们传统文化中不利于整体合作以及不利于创新的地方。对传统文化进行全面客观的分析，吸收对现代文明发展有用的东西，抑制和反对那些阻碍现代文明的东西，树立我们新价值观，改善我们的文化，助推大国的崛起。

大国的崛起要靠大国中各种小组织的崛起，没有众多中小企业的活力，没有代表国家的大企业的活力和实力，不可能实现真正的大国崛起。

因此每个企业、每个组织都应该努力创造自己的小环境。在组织的小环境中形成团队合作的气氛，通过平等、分享和沟通形成良好的配合，提高组织整体的效率。同时还要创造宽松的环境，调动每个员工的积极性，激发员工的创新能力，通过员工的创新带动企业的发展，建立最有活力的组织。如果社会中的每个组织都能高效率地运转起来，整个社会也会形成高效率的模式，最终支撑大国的崛起。

第七章

创新竞争力

企业基业常青的方法是不断地鼓励员工创新，并为员工提供组织整体的支持与配合，建立以创新为核心的价值观和企业文化，在大力开展创新活动、尊重人才、开展组织学习、构建扁平的组织结构、发挥“领导力”的作用、保持企业的活力等方面开展大量的工作，以提升企业的创新竞争力。

创新中存在的问题

任何大的组织机构不是压抑和消灭人的个性，相反的，会对人的个性加以强化，承认个性，激励个性的发展，宣传人的个性，信任人的个性并鼓励人们发展自己的个性。

——蒙哥马利·沃德

为什么中国得不到诺贝尔奖

一年一度的诺贝尔奖带给中国人的是一次次无奈和叹息，激起的是一场场热议：有批评我们教育制度的，有认为是西方阴谋论的，诺贝尔奖成为了中国人的一种情结。

当一个国家正在崛起的过程中，人民总希望自己的国家在各个方面都应该成为世界的前几名，这才与大国的地位相符合。所以我们要拿更多的奥运会金牌，我们的网民数量已经是世界第一，我们的手机数量也是世界第一，我们的钢材、汽车、水泥、煤炭、铝材、铜材的产销量也位于世界前列，我们正在向世界领先的大国迈进。

诺贝尔奖体现的是一个民族的创新能力，对于希望成为世界大国的人民来说，我们不能总说，在几千年前中国的四大发明对人类作出过贡献，那是我们祖先的成就，但近代文明的发明与发展，似乎和中国人无关。

组织发展规律假设告诉我们：整体和创新是组织发展的根本。

诺贝尔奖反映的就是中国人的创新能力问题。中国人似乎失去了创新的能力，失去了独立的个性。在传统文化的影响下，我们不敢想、不敢做，只有照着老祖宗的规矩办，不敢突破、不敢逾越权威的论断，我们还怎么能够有创新精神和创新行为呢？

1988 年麻省理工学院教授利根川进获得诺贝尔奖，在日本有人问他："为什么获得诺贝尔奖的日本人大都是在国外工作时取得的？"他直言不讳地回答："东方文化不适应科学发展。因为在科学研究中要取得出类拔萃的成果必须'天上地下，唯我独尊'，而这与讲究尊卑上下的东方文化是格格不入的。"

创新需要什么？创新需要制度、体制，创新需要资金，创新需要气氛、环境，创新需要对失败的宽容等，但是创新需要人，创新来自于社会成员的个体，个体的创新带动整个组织的发展，这是组织发展规律假设告诉我们的。

个体如何创新？个体需要一种独立的个性，能够坚持自己的理论、坚持自己的思想、坚持自己的价值观，只有独立的个性才有独立的原创成果。如果我们都采用跟随战略，别人有什么我们仿制什么、改进什么，就像日本原来的工业一样，我们就不可能产生原创的思想、理论、方法和产品。

拥有独立的个性，我们未来才有可能进行原创，也才有可能获得诺贝尔奖，只有解放中国人的个性，中国才能真正的崛起。

钱学森遗留的问题

据说在钱学森晚年的时候，看到很多产品的核心技术都是外国生产的，就对中国的创新问题提出了一些自己的疑问："这些人怎么了？人都干什么去了？为什么还弄不成？"这构成了著名的"钱老三问"，直接指向了中国的创新问题。钱老去世后，有十几个大学教授联名给教育部提问，指出中国教育体制存在的一系列问题，最后就是以钱老的提问作为结束。很多人都认识到中国的教育体制出现了问题，但是怎么改，大家却是众说纷纭。

没有创新的能力，可能就无法回答钱老的问题，问题的关键在于为什么我们失去了创新的能力。这个问题在中国延续了上千年，绝不是教育体制所能够解决的。关于创新我们看到以下问题都会影响人才的创新能力：

- 教育体制的导向问题：是引导学生创新，还是限制学生完成规定的学习内容？
- 用人体制的问题：用通才、全才还是用专才？
- 家长的作用：是培养个性独立的孩子，还是培养"听话"的孩子？
- 学校和老师的作用：是培养规矩的"好学生"，还是发挥孩子的个性，鼓励他们各自的爱好和兴趣？
- 社会环境的作用：在等级体制下，我们更多需要的是服从、执行和没有任何借口，至于创新，应该是高层的事情。

孩子的个性是在父母和学校老师的引导下形成的，没有正确的培养与引导，孩子就无法形成独立的个性，其创新能力从小就被扼杀了，即使长大后，想要创新也无能为力了，因为大脑中的限制已经形成，已经失去了创新能力。

以上分析告诉我们，中国的传统文化限制了我们的创新。中庸之道本来就是限制“标新立异”的，而没有“标新立异”怎么可能有创新呢？把中国人创新能力的丢失，归结为教育体制的问题，是一种片面的思考，是一种推卸责任的做法，只有全社会动员起来，改变我们的创新文化，我们才能真正地出现创新型企业和人才，才能最终回答钱老的问题。

从《功夫熊猫》看我们文化创意的缺乏

美国迪斯尼的动画片《功夫熊猫》颠覆了熊猫在中国人心中长期的形象，一种憨厚、行动迟缓、温柔可爱的形象，把它与中国功夫结合起来，大大超出了中国人的想象力！

很多人在看过《功夫熊猫》后会问：为什么不是中国人自己拍摄的，这种创意为什么不是中国人想出来的？

中国的影视界很少有创新的作品，即使是近年拍摄的一些大片，如《英雄》《无极》《夜宴》等，除了场面宏大、投资巨大以外，故事情节毫无创新。

从这些现象可以看出，我们的影视界缺乏创意。没有创作出一些好的、经典的漫画系列、漫画形象。文化产业本身就是一种创意行业，我们最缺乏的就是创意。颠覆熊猫的传统形象，可能是中国的文化人想都不敢想的。我们的思想都被禁锢了、我们的创造力都被尘封了，我们失去了创新的能力，失去了创意。

中国人对《功夫熊猫》的失落，不知道是否能够让中国人认识到问题的严重性，让一些中国人警醒。文化创意行业是最基础的创意行业，因为初期它不需要任何投资，只需要人的大脑来编故事，然后把它变成电影、电视剧、图书、漫画、电子游戏等各种文化产品，因此文化产业是投资最小、风险最低的行业。

在这样完全依靠创意的行业，我们都不能创新，何况其他的各个行业。我们习惯于按部就班、按老祖宗的规矩来办事，不用担风险、不用担责任，但损失的是我们的事业和工作。

组织发展规律假设告诉我们，组织需要成员的创新来带领组织的发展，世界上的任何行业都需要创新，只有创新才能带来发展。否则我们只能跟在他人的后面，没有创意就不可能超越。

怎样才能有创意？最根本的是组织的成员必须具有独立的个性。对于人类来说，独立的个性形成于一个人的幼儿期。中国有句老话，叫做“3 岁看老”。意思是说在小孩 3 岁时，就可以看出他的性格，从而也可以大体看出孩子未来的发展潜能或未来的成就。国外心理学的研究也表明，人的个性是在 3～12 岁形成的。

中国的儿童教育模式存在较大的问题，在中国，听话的孩子是好孩子，而听话的孩子往往是最没有独立的个性、最没有创意的孩子。如果我们成年人的思想不改变，大多数的孩子很难形成独立的个性，孩子长大后也很难有创意。

我们只有从开发中国人的创意开始，从解放中国人的思想开始，从解放中国人的个性开始，从培养孩子独立的个性开始，我们才有根本的希望。

中国公司对创新理解的偏差

《财富》杂志曾经在2010年8月评出了“最具创新力的中国公司”。其采用的评估标准包括整体评价、企业战略、市场营销、财务管理、组织和人力资源、技术研发、内部流程和外部合作等8个方面的指标。

不管《财富》杂志在这8个方面细分的评选指标是否合理，但其中披露的泛太平洋中国企业创新调查的数据还是值得我们留心和分析的。以下的数据来源于2010年泛太平洋中国企业创新调查。

1. **问题：您认为创新对企业成功是否重要？**

   前三位45%

   前十位32%

   最重要17%

   无关紧要6%

   合计100%

2. **问题：您所在企业新年度的创新投入预算如何？**

   持平38%

   增加（1%~10%）29%

   大幅增加（超过10%）14%

   减少（1%~10%）11%

   大幅减少（超过10%）8%

合计 100%

3. **问题：企业创新中最关注的三个职能是什么？**

生产流程 60%

市场营销 54%

外部合作 42%

技术研发 39%

人力资源 38%

财物管理 32%

企业战略 21%

企业文化 9%

其他 5%

4. **问题：企业创新中最重点关注的三个目标是什么？**

顾客满意 68%

收入增加 61%

流程规范 43%

成本降低 31%

系统信息化 29%

自动化生产 20%

协作效应 15%

风险控制 11%

其他 22%

从以上四个问题的统计数据我们可以看出：

1. 中国企业的管理者对创新的重要性认识还有偏差。认为创新的重要性在前三位的达到45%，认为最重要的有17%，加在一起还是很可观的。但是其余的管理者可能就认为创新对企业成功并不是非常重要的主要工作议程了。创新对企业究竟是非常重要还是不太重要？是表面上的重要还是落实在实际工作中的重要？这些都是中国管理者需要明晰的问题。对于中国很多企业目前的管理状况，创新似乎并不是最重要的，除了创新，中国企业在很多基础管理上，如制度化管理、数量化建设、质量管理、品牌建设等方面还需要不断完善，很多管理者的精力还不能把创新放在重要的议程上，这就是中国企业管理者的差距。中国企业的管理者对创新重要性的认识差距将会影响中国企业的未来发展。

2. 大部分企业的创新投入都是增加的，但问题是，这些增加的投入是投入在企业的技术研发上呢？还是投在企业管理的其他方面？虽然企业管理的各个方面都需要创新，《财富》杂志的评价指标也是从八个方面来评价企业创新的，但是不同方向的投入，显示了企业管理者对创新的不同理解。只有投在技术研发上，我们才有可能产生自主的产品和技术，才有自主的知识产权，也才能够实现产品的结构升级或转型。

3. 从企业管理者关注的创新职能上，我们也看到了差距。在统计数据中，技术研发（39%）只排在第四位，而技术研发意味着企业真正的创新职能，但它在中国管理者心目中却排在生产流程（60%）、市场营销（54%）、外部合作（42%）等职能的后面，可见技术研发在中国管理者心中的地位。生产流程的改进主要体现在引进新设备，提高产品的产量和质量，降低产品成本。在国内市场营销主要意味着广告宣传，外部合作意味着搞好对外的关系，这些才是管理者最关注的，但这些真正是企业的创新职能吗？技术研发应该是企业最关心、最基础的创新职能。没有自主的研发，我们怎么能够提高产品的技术含量、提高产品的附加价值？怎么能够实现增长方式的转变呢？企业直接的创新职能应该就是自主研发的产品和技术，而在我们管理者心目中还不能排进前三位，这说明中国企业在自主创新的问题上是有很大认识上的差距的。我们可能习惯于模仿和抄袭别人的东西，谁也不愿意在原创上投入创新费用，我们对知识产权的保护不够，最终又会反过来制约我们的创新和研发。

还有一个最有趣的职能，就是企业文化，中国的企业管理者对创新文化的关注只有 9%，如果我们企业的创新体现在企业管理的各个方面，那么，创新就必然是一种企业的价值观，也会形成一种创新的企业文化。如果企业文化中不倡导创新，企业就不可能在各个管理方面体现出创新。因此，我们可以看出，中国企业管理者对真正的创新并不理解，认为创新最重要或处于前三位的管理者超过 60% 以上，而在企业文化中又没有体现创新，说明我们企业的创新还只是停留在表面上、宣传上和口号上。

4. 在创新关注的目标中，我们看到："顾客满意"、"增加收入"占的比例最高，这是企业管理最基础最宏观的要求，任何管理职能都会对这两项有要求的，中国的管理者是不会错过的。"规范流程"排在第三位，从创新的根本来说，创新的想法与做法似乎和规范的流程相抵触，管理者希望的创新是对现有流程的改进或优化。

在创新关注的目标中，"协作效应"作为创新的目标只有 15% 的管理者认可，这与"外部合作"又有些不相称，看来我们的管理者对"外部合作"与"协作效应"的理解是两个不同的概念，外部合作的目的不是为了与企业之间形成协作，因此我们只能说，很多的管理者对“外部合作”并不是真正的理解，也谈不上正确的实施外部合作，也许中国的合作就是搞好各方面的关系吧。

通过这些数据我们看出，在大多数中国企业管理者看来，创新的重要性主要还是停留在口头上，对于创新实施的办法和重点理解还不清楚，很多管理者根本不知道创新究竟怎样在企业中发挥重要的作用。我们的管理者对创新的认识还是在很浅薄的理解上，对创新的目的也是相当“功利化”的，集中在生产流程和广告宣传上，这些并不是真正的创新目的。

其实最基础、最根本的创新是产品的创新，即技术开发上，这应该是企业最根本的理解，是实施创新的底线，但这个最基本的要求，也被管理者放到了前三位之外，由此我们也可以看出，中国保护知识产权还有很长的路要走。

通过这些分析我们也可以看出，如果把创新理解成对企业管理各方面的改进，那我们对创新的理解还存在着更大的差异，如果再去理解什么时候创新最重要，企业在什么状态下去发挥员工的创新，如何在企业全面的实施创新，我们的管理者还有很多基础的东西需要学习、了解、掌握和应用。这就是要学习、了解组织发展的规律，了解组织发展的三个阶段，明确各阶段发展的重点，明确真正的创新是在组织发展的第三阶段，而组织发展的第二阶段是基础和支持，没有整体配合的支持，创新只是空中楼阁。

通过这些调查我们看出，在如何将一个企业从小做到大，做到基业常青，我们的管理者还需要更多的学习和实践。

中国公司如何提升创新竞争力

创新是唯一的出路，淘汰自己，否则竞争将淘汰我们。

——英特尔公司总裁安迪·格罗夫

中国产业从“大”变“强”必须依靠创新才能实现。很多专家建议，根据组织发展规律假设，应该从以下几个方面努力。

形成以创新为核心的价值观和企业文化

组织发展的不同阶段企业可能需要不同的企业价值观和企业文化，在不同的组织发展阶段，企业的价值观和企业文化所发挥的作用是不一样的。每个阶段的文化都是为本阶段组织发展服务的，体现出不同的重点，组织发展的前两个阶段主要是围绕形成组织的整体配合来运作的，他们为企业的整体配合发挥导向作用，鼓励企业的全体员工形成整体的配合，发挥企业整体的力量。而第三阶段组织的企业文化有显著的不同，它是围绕组织的创新来进行的。

如果在组织发展的第二阶段，通过制度体系的贯彻和执行，可以完成或者形成组织整体的配合，达到组织默契配合的目标，那么在组织发展的第三阶段，希望通过制度体系来形成创新是不可能的。因为：

1. 企业的制度是一种最基本的约束，企业需要用更高的目标和境界来引导员工的发展和企业的发展，不是遵守制度的员工就是好员工，能发挥出自己的潜力，用不断改进和创新的方法来完成企业目标的员工才是好员工。
2. 企业的发展需要每个员工的创新，而创新是不可能用制度规定的。用制度规定来要求员工达到某种创新是没有用的，因为创新只存在于员工的大脑中，无法用制度和规定强迫，对于知识员工更是如此。要形成创新，企业只能用文化去引导。
3. 创新的标准无法用详细的制度来规定，只能提供给员工一些基本的方向和原则，这些方向和原则就体现在企业的价值观和文化之中，而制度却做不到这一点。

创新只存在于人的大脑，只有在创造者身心都达到和谐愉快的状态才有可能出现创新和突破。创新不可能在约束的状态下产生。创新只能通过组织的气氛和文化来引导，不可能用强制的制度来“命令”或者“要求”产生创新。很多国外的学者也建议，中国公司必须鼓励员工合作创新，淡化公司的等级制度，让不同阶层、不同部门的员工交流创新的思想。这些特征，是世界和亚洲各地顶尖企业创新成功的共同点。

对于第三阶段的组织，企业的价值观和文化还有一个最重要的作用，就是尽量保持企业处于一种整体配合较高的水平上。组织是一种类似于会发生新陈代谢的有机体，组织中的个体在一定程度上会不断变化，而默契的配合来自于熟练，需要组织中个体的不断磨合，需要相对固定，因此这是一种矛盾；对于在默契配合基础上的创新，更需要个体的发挥和团队的配合与支持，是一种很难达到的状态，需要成员之间的熟悉和了解。成员的变动必然带来配合程度的下降，解决这种问题和矛盾，可以充分发挥企业文化的作用，它使企业中的所有员工都按照同样的价值观和文化来开展工作，培养了员工共同的工作准则，使员工有共同的价值观和标准，使员工能够在共同的价值平台上沟通和配合，这样形成协作和配合的时间大大缩短，有利于整个组织始终保持在一种较高的整体配合水平。

大力开展创新活动

第三阶段组织发展的标志就是在默契配合的基础上进行创新。创新将为组织带来新技术、新产品和新服务，创新可以帮助企业把握和捕捉发展的机遇，创新可以为企业创造更大的效益，产生更大的成果，由此进一步提高组织的效率。组织发展规律假设一告诉我们，组织依赖于个体的创新而发展。这也是生物组织进化的规律，被无数的组织发展所证明。创新对于组织的发展是至关重要的。随意翻开世界 500 强的企业介绍，无一不是把创新放在企业战略的重要位置，而现代知名与不知名的 CEO 和企业家也无一不把创新放在自己的嘴边，现代企业管理的教材也同样把创新作为重要的章节来重点介绍。创新的重要性已经得到企业界和社会的广泛认同。

在组织发展的第三阶段，组织已经形成了默契的配合，已经较好地发挥出了整体的力量。当组织在面对变化的环境时，必然要进行调整以应对环境的变化，如果组织不变化，就是一种僵化的官僚组织，就会像温水中的青蛙一样，失去对环境变化的感知，最终导致死亡。而这种对变化的感知依赖于组织的个体，对变化的反应首先也是依赖于组织的个体，个体的反应与应对就是多种不同的创新，如果这种创新能够及时得到团队的支持，进而发展成为组织的整体支持和反应，这个组织就能够适应环境的变化，就可以成长和发展。这就是组织发展的规律中告诉我们的：通过个体的创新来引导组织的发展。但组织也要以整体给予个体支持和帮助，同时组织要学习这种创新，使整个组织都得到提高。

杰克·韦尔奇曾经说过："如果我们想让员工成长，就应该去增加他们的自信心，赋予他们更多的责任。如果我们能将他们最好的想法加以利用，我们就有了赢得竞争的机会。"韦尔奇简单的一句话，说明了组织发展的规律，增强员工的自信，给予他们责任和权利。通过学习他们对环境变化的反应、应对的措施而产生的创新方法，加以挑选和利用，组织就有了发展和成长的机会。

但是，当今的很多企业，有的是跟随潮流，他们觉得别人都说创新重要，我们当然也必须这样说。很多人没有真正理解组织发展与创新的规律，因此，企业中的创新更多的是一种表面形式，不能够真正带领企业发展。

由于不了解组织发展规律，很多企业的领导者对创新的认识存在误区：有的企业认为，创新就是对本企业的产品或者是服务进行创新，应该由企业的专业部门和人员来进行，没有把创新扩大到企业的方方面面；有的企业认为，我们目前还不错，只需要对现有的体系进行完善，把现在的事情做好就可以了，这就是没有任何借口、执行力、细节管理流行的原因，企业不重视去发掘新的想法和机会，有的企业把创新作为一种短期的活动。在某个阶段企业碰到难题了，我们就开展一场合理化建议的活动，从中选出好的点子，把创新工作当成一种临时的运动，需要时就组织一次，不需要时就放任自流；有的企业是把创新的活动简单化和制度化，这是对创新工作的严重误解。有的企业管理者不信任自己的员工，总认为新的创意来自于管理者自己，或来自于企业外部。企业依赖于寻找外脑，当需要创新时，就请咨询公司或外面的高人来解决。

这些错误的认识导致了企业中的创新活动无法取得应有的成果，应该引起企业管理者的重视。

人才是第三阶段组织的命脉

在组织发展的第三阶段，组织在默契配合的基础上创新，因为创新将带给组织快速发展，成为企业创造新的增长点。创新进一步提高了组织配合的程度，创新带动了团队的发展和进步。但是要获得创新，企业就需要高素质的人才，因此人才的争夺将成为一场新的战斗。

IBM 认为，只有好的员工才有能力创新，才可能把产品和服务做得更好。

沃尔玛中国区总裁说：“沃尔玛一切成绩的背后都有赖于人才的战略。沃尔玛必须确保有合适的人高质量地管理我们的商场，保证我们的商品品质、顾客服务不会有任何折扣。沃尔玛最大的挑战不是选址，而是发展人才。我们工作的重点是发挥员工的潜能，尽可能地发展人才。……我们致力于让员工能成功的发展，这对我们的未来有好处。”

松下幸之助曾说过，“事业的成败取决于人”，“没有人就没有企业”。他认为吸引人才的手段不是高薪，而是靠企业所树立的经营形象，使企业有吸引人的魅力。

创新往往要依靠一些具有天赋的人才，这也正是“组织依赖个体的创新而发展”规律的表现。个体的创新带动组织整体的学习，使组织整体的水平得到提高。而组织整体水平的提高又促使组织的成员在更高的水平上创新，如此循环反复，推进组织的前进。

深入开展组织学习

组织发展的第三阶段，组织在默契配合的基础上创新，使组织获得更高的效率，取得更大的发展。在这个阶段，组织的默契配合仍然是基础，创新的目的是带动组织整体水平的提高。作为组织来说，怎样利用个体的创新尽快来提高组织的整体水平就是第三阶段组织的一个重要内容，彼得·圣吉《第五项修炼》中的建立学习型组织，就是提高组织整体水平的一个非常好的方式。

组织的学习首先是一种团队的学习

组织是由很多不同作用、不同层级的团队组成的，组织的学习首先落实到团队的学习。这种团队的学习，就是要通过团队成员的交流，改变个体的一些原有的习惯，形成共同拥有的价值体系、观点及做事方法，从而形成一个协调配合的团队整体。因此企业的学习就是团队中的员工进行交流、改进，最后共同提高。

彼得·圣吉在到中国的一次讲学中谈到：理想的团队特点是为了实现某一个目标，他们之间相互需求、互相依赖。他们要做某件事情，但是需要互相依赖共同完成。因此，在某个层面上我们必须有这种意识，不管做什么工作，都有一个互相依赖性。所以，团队是一个企业基本的学习单位，也是一个最基本的相互依赖的单位。

将个人学习转化为团队的学习

孔子曰："三人行，必有我师焉。择其善者从之，其不善者改之。"已经充分体现出大师虚怀若谷的高尚境界。可惜的是，他所侧重的是自己的学习和提高。如果孔子把这种个人的学习转化为三人的互相学习，能够都做到"善者从之，不善者改之"，并且能够通过沟通互相指出优缺点，达到三人共同提高，也就是团队的共同提高，那将又是一个什么局面呢？团队和组织的学习就是为了提高整体的水平和力量，而整体的力量是个体的力量望尘莫及的，整体所能实现的目标也是个体无法达到的，这就是我们需要组织学习的原因。

学习需要参与和实践

学习需要积极的参与和实践，参与和实践越深，得到的学习成果越大。学习的成果来自于对团队整体的贡献，学习是为了提高团队的整体能力。组织学习最重要的方法就是实践，在实践中提高组织的整体能力。

企业要想形成不断创新与学习的文化，还要减少对员工的控制，促进员工间的分享与交流，提供给员工更多的与专家、同行联系的机会，以及更多的与工作相关的资源。

构建一种扁平的组织结构

在组织发展的第三阶段，组织需要文化、需要创新、需要人才，而要达到这一切，建立一种扁平的组织结构是非常必要的。只有层级较少，授权较多的组织结构才能够适应创新、适应人才发展的需要。同时，由于网络和信息技术的发展，使管理者和员工获取信息的渠道大大拓宽，也为建立扁平的组织结构提供了技术保证。

建立扁平的组织结构，需要企业从以下几个方面努力：

创造扁平的组织结构

第三阶段的组织必须对市场作出快速的反应，现今的企业不是大鱼吃小鱼，而是快鱼吃慢鱼。而这种快速的反应正是原来组织的金字塔结构所不具备的能力，特别是对一些庞大的企业，其官僚体系错综复杂，互相掣肘，严重影响了组织的应变能力。因此，层级多、级别森严的管理体系，已经不适应第三阶段组织的发展。

扁平的组织结构正好具有反应速度快的优点。由于组织的管理层级少，授权力度较大，方便企业内上下左右的沟通和交流，其下级团队的创新方案能够得到组织的迅速批准，并快速部署实施，这就在激烈的市场竞争中赢得了先机。

形成宽松的组织气氛

建立扁平的组织结构，有利于创建一种宽松的组织环境。避免过去的那种等级森严的金字塔体系，有利于上下级之间信息的传递，也有利于员工之间的思想交流，促进企业开展创新活动。

眼睛向下，大幅授权

为了建立一种扁平的组织结构，较大幅度的下放权利和责任是必需的。因为第三阶段企业管理的思路已经发生了变化，原有的金字塔结构是为了“控制”，权利和责任大都集中在企业上层。实行扁平的组织结构，不是为了控制，而是为了发挥员工的创造性，但是创造性是不能控制的，也是无法控制的。这时，只能创造环境，提供条件，形成文化来引导员工，达到企业的目的。

未来公司的发展取决于在知识基础上的选择和创新，这种选择权只有直接接触顾客或者是市场第一线的员工才具备的，他们所掌握的知识、信息、时机是企业高层管理者无法知晓的，而市场和顾客的需求是快速变化的，必须快速地决策才能赢得竞争的优势，因此管理者只有下放自己的权利，授予基层的团队更大的决策权，管理改为以结果而不是以过程进行考核。

建立通畅的信息交流体系

建立一种扁平的组织结构有利于组织间的横向交流，因为层级的减少使层级之间和同级之间更容易交流，而信息的交流对于组织发展的第三阶段是非常重要的。特别是在知识经济发展的今天，建立通畅的信息、知识的交流渠道是企业创新的基本前提。在企业和相关的团队内，员工之间知识共享、信息互通、技能互补，共同学习提高；成员相互支持、帮助、配合，在此基础上进行创新，以此推动企业的发展。

发挥组织整体的作用为创新提供支持

在组织发展的第三阶段，虽然组织的重点在于创新，但是组织整体的作用也是非常重要的，创新是在组织整体配合的基础上进行的。创新的背后是整个组织力量的支持和帮助。组织在资金、物资、时间、环境上给予创新者强有力的支持，组织的其他部门也在自己的专业化领域给予创新者以支持，不同部门或者团队的知识共享，也是对创新者的支持，创新者可能是在多种其他员工的创意综合下才形成自己的创新的。所有这些，都体现了组织整体的作用。

领导者要充分发挥出“领导力”的作用

在组织发展的第三阶段，企业是在整体配合基础上的创新阶段，而创新需要一种激情、需要一种气氛、需要一种引导。这对企业的管理者提出了更高的要求，在组织发展的第二阶段，企业的管理者往往需要一种按部就班的持久性的毅力，能够持续推动企业在制度体系下的发展，实现企业各个部分整体的配合与协调。但是到了组织发展的第三阶段，管理者的重点是引导企业的创新，唯有创新才能确保企业的快速发展。在这个阶段，并不是企业的整体配合不重要，而是企业经过前面阶段的发展，已经形成了组织的习惯，成为无意识的配合，整体配合的作用已经形成。

在组织发展的第三阶段，企业的管理者还需要选择企业的战略发展方向。由于要应对变化莫测的市场，管理者需要学会从纷繁复杂的形势中把握方向，从铺天盖地的信息中选择关键的信息，这对于管理者的要求越来越高。

领导力从本质来说是一种激励员工情绪和调动员工气氛的能力，能使员工发挥出自身的潜力，为企业的目标而自觉自愿的努力工作。领导力也是一种形成人际关系和对别人产生影响力的能力。

中国企业领导者的领导力状况发展并不好。合益集团曾对中国境内的跨国企业、民营企业以及大型国有企业高层的领导风格进行了一项调查研究，其结果是非常令人吃惊的。他们发现在中国的企业当中，只有19%的管理者被他们的员工认为是高绩效的管理者，9.8%的管理者是能够鼓舞人的领导者，13.4%的管理者人则是不增加价值的管理者，而占到57.7%的管理者是完全帮倒忙的管理者。

华信惠悦公司也曾对亚洲企业的领导力状况进行过调查，调查结果是亚洲员工中有2/3的人对他们直接领导的有效性表示怀疑，这与合益集团调查的基本结论是相似的。这些结论需要引起中国管理者的关注。

真正的领导力是企业适用的领导力，是确实能够带领企业走出困境，走向发展的领导力，这种领导力必定是与企业相适应的，它能在适应的基础上，带领企业向上发展，同时也伴随着企业文化的发展和进步。

企业中的领导力绝不是一步登天、好高骛远，而是脚踏实地，从基础做起，是与企业的实际相结合，逐步的应用和推广，领导力也是和企业共同发展的。

领导者的重点应该是发掘员工的潜力，创造有利于员工发挥的环境。通用电气的前总裁韦尔奇就经常与下级管理人员讨论工作，通过激发、激励甚至用激将的方法，当场让管理人员思考完成任务的目标和手段，并立即作出回答，韦尔奇会当场记录下他们的讨论结果和指标，然后让这名管理人员签字确认，并以此作为奖励和晋升的依据。他的这种方法非常有利于激发下属的潜能，鼓励他们以最大的努力去完成任务。

在企业中，也有很多的员工由于过去的教育和经历，使其自身的能力被限制和禁锢起来，有时连员工自己都不清楚和了解。作为企业的领导者来说，就是要帮助他们去打破这种禁锢和限制，使他们的能力充分发挥出来，给他们提供平台，提供支持，引导他们使潜力爆发出来，这就是领导力的表现。

保持企业的活力——防止官僚主义

第三阶段的组织是从第二阶段发展起来的，由于组织的第二阶段，企业已经形成了整体的配合，企业整体的作用已经得到最好的发挥，这时的组织从上到下往往都会产生一种满足感。这时候，就是官僚主义慢慢孳生的时候。组织发展规律假设的推论六告诉我们，组织发展不进则退。

不创新，就灭亡。

——福特公司创始人亨利·福特

从组织发展规律假设来看，注重企业的整体既可以减少官僚主义的产生，又可能导致官僚主义的存在。减少官僚主义的产生是因为企业坚持整体运作的原则，各部门的利益要服从整体的利益，而官僚主义往往是只以本部门的利益为重，固守小部门的利益和权利，不考虑其他部门的情况，这就妨碍了企业部门之间的协调和配合，不能形成组织整体的力量。

但是，整体的运作也可能导致官僚主义的产生，这是因为，过于考虑企业的整体，就会忽略个体的意见和机会，决策程序复杂，降低了企业的反应速度。这种矛盾是客观存在的，只是在不同的企业发展阶段，需要有不同的重点工作和管理方式，不同的发展阶段对官僚主义的防止和应对措施也不同。这需要我们视情况而定，没有一种完全固定的方法和套路供我们使用。

在实际管理过程中，为了防止官僚主义的产生，我们需要保持时刻的警惕并坚持下面的一些原则：

- 坚持对整体、对全局的有利的原则，防止部门只考虑小集团的利益。
- 坚持精简机构的原则，用最简单的组织结构来从事管理。
- 坚持创造组织环境，而不是组织机构的原则，形成以人为本，能够发挥出员工潜力的环境，而不是创造一个冷冰冰的官僚机构。
- 坚持以文化、价值观管理为主，以制度体系为辅的原则，使用引导、激励、吸引为主要的管理手段，通过企业文化、价值观的软约束来进行管理，而不是使用强制性的惩罚制度来管理。

- 坚持创新的原则，创新带来新思想和新方法，带来冲击，带来机会，坚持创新的企业不容易滋长官僚作风。
- 坚持平等交流和沟通的原则，平等的交流和沟通本身就是一种打破官僚体制的有力手段，它可以打破管理层级结构，实现信息的顺畅流动，使官僚主义无处藏身。

保持优秀组织的最佳状态

可持续竞争的唯一优势来自于超过竞争对手的创新能力。

——著名管理顾问詹姆斯·莫尔斯

怎样实现企业的基业常青

组织像一种生物的有机体，在达到最好的状态后就会逐渐走向衰退。新陈代谢是生物发展的规律。企业也是这样，即使现在我们很多管理书籍中分析的长寿企业，也不是始终处于企业发展的第三阶段，也并不是始终处于优秀企业的前列，也不会永远是企业管理浪尖上的弄潮儿。其实这些组织也是保持在一种时好时坏的状态之间，只是没有达到真正的倒闭和破产的边沿。

企业必然要发生新旧的交替，这就是一种新陈代谢，而这种交替必然带来企业整体配合程度的下降，使企业整体实力下降。企业可能会从

第三阶段退回到第二阶段，甚至是退回到第一阶段，很多方面的工作又要从头开始，企业又要经历从有意识的配合阶段发展到无意识的配合阶段，再到有意识的配合阶段，这就是企业发展的规律，是任何企业都无法避免的。企业要想努力保持整体配合的状态，使之不要下降太多，并且还要保持企业持续创新的气氛，就必须遵循规律，利用规律，不断开拓新的管理方法和管理模式，不断探索新的发展道路。

从组织规律假设可以看出，一个组织不可能始终保持在第三阶段，一个希望基业常青的组织应该努力把组织的发展保持在第二或者第三的阶段，第二阶段由于有整体的配合效率支持，企业可以自保；而企业进入第三阶段是依靠创新实现突破，通过创新来拓展企业的业务或方向。企业应该进入一种“稳定—突破—再稳定—再突破”的循环，从而使企业能够实现基业常青。

当企业寻找新的竞争优势时，最重要的行动是创新。

——迈克尔·波特

3M 的创新给我们的启示

3M 公司在世界上以创新著称，最关键的原因是他们具有根植于所有员工的一种创新文化。而推动这种文化的动力就是“满足客户的需求，超越客户的期望”。实现这个目标就是不断地创新。3M 公司认为只有永远走在客户和竞争对手的前头，创造新的价值，才能立于不败之地。

“先客户之忧而忧”的企业文化保证了3M公司的成功，具体内容包括：

- 向员工充分授权，并鼓励冒险和创新。
- 建立多种奖项，激励创新员工。
- 设立基金为员工创新提供资金支持。
- 鼓励员工跨部门合作，探索新技术领域。

也许很多人会认为这没有什么新意，很多企业都在这么做，但是为什么我们没有成为3M这样的创新公司？为什么我们没有获得像3M这样多的创新？

创新来自于组织中的个体，正是组织中个体的创新带动了组织的发展。组织不能强迫个体产生创意，只能为组织中的个体创造良好的环境和条件，让组织成员自发地产生创意。

如果你想通过制度、规定、强迫、强制等方式来让个体产生创意是不可能的，创意只能产生在个体自愿、环境宽松、舒适的条件下，并且还有一定的偶然性。

创新来自于所有的员工，最接近客户的员工最有可能被客户激发出创意，由此产生创新，因此必须向一线的员工授权，鼓励他们创新。如果一线员工都认为创新是领导的事情，是研发部门的事情，这个企业就不会获得真正的创新。

通过组织发展规律假设，我们可以看出，创新来自于组织中的个体，因此一个组织要想获得创新只能从两方面来入手：一是解放员工的个性，努力消除他们头脑中对创新的各种限制，激发他们的活力，使他们产生创意；二是创造一种宽松的环境，提供各种资金和物资的支持，使员工的创新能够得到实施或试验，并由企业来承担失败的风险。这两者的结合最终就会形成一种新的企业的文化，使企业创新的理念融入到每个员工的心中，反过来又支持每个员工的创新，从而形成了一种良性的循环。

因此我们认为，创新并不完全靠投资，也不是靠组织和制度管理，更不可能靠硬性的命令。创新靠的是宽松环境中愿意创新、能够创新而又不被限制的人，组织只能起到辅助、帮助、支持的作用。管理者不用平等的心态来对待员工，员工也不可能为你产生创新。

不断鼓励企业员工创新，并为他们提供组织整体的支持与配合，这就是企业基业常青的最基本方法。

保持组织的最佳状态

除了拥有珍贵的创意之外，你还必须拥有能够实施这些创意的坚强有力的组织。有许多人拥有美妙的创意，但真正把它们付诸实践的却寥寥无几。在迪斯尼公司，我们成功地做到了这一点。

——迪斯尼公司创始人迈克尔·艾斯纳

当组织发展到第三阶段，组织是在一种默契配合的基础上的创新，这是一种有意识的配合创新阶段。这个阶段的企业既有创新为企业带来的新的快速增长，又有组织整体配合专业化分工的协作，这时企业的综合效率是最高的，这就是组织的最佳状态。

这个阶段的企业由于是用企业的价值观和文化来引导，而不是用制度来约束，企业具有一种宽松的环境，良好的气氛，员工个人的潜力得到了最大的发挥，企业的整体效果最好。主要表现出以下的一些特点：

1. 对市场、客户、竞争对手的变化反应迅速，并能随时随地得到应对。
2. 企业文化、价值观成为每个员工自觉的判断标准，而不是企业的制度体系和上级的指示命令来指挥和约束职工。
3. 企业整体及下属的团队能够及时抓住机会、机遇，实现企业的快速发展。
4. 企业内各个方向的信息传递畅通，企业员工信息沟通便捷，基础的信息和高层的决策能够快速、正确地达到目的。
5. 企业整体及下属团队能够不断引入新的方法、理论、思路，企业整体和团队能够不断学习、不断应用新知识。
6. 组织具有一种类似于“狂热”的气氛，企业和员工都具备一种优秀的气势。
7. 企业和团队中员工的个人能力和潜力能够得到最大的发挥，企业员工能够尽力而为。
8. 企业整体的效果最好，综合效率最高。
9. 企业目标和个人目标能够较好的融合。

10. 企业各种资源的利用率最高，资源利用最充分。

这是组织发展最好的阶段，企业应该努力去保持和延续这种状态，使企业处于这种状态的时间越长越好，企业的这种状态将使企业和员工、客户，还有环境和社会都得到协调的发展。

作为企业的管理者在本阶段应该在管理上重点关注的地方是：

1. 充分发挥企业的价值观、企业文化的引导作用。
2. 强调在组织整体基础上的个人创新的作用。
3. 注重调动员工的情绪，发挥员工的潜能。
4. 鼓励个人学习和组织学习，不断学习新的管理理论、方法和模式，提高企业的整体水平。
5. 对各种技术和管理的新方法进行有限度的、可承受的、积极的试验，并进行认真的评判和分析，以寻找新的机会。
6. 从多种创新构想中学会判断选择对未来有决定意义的构想，并研究试验。

第八章

如何形成中国式管理

中国企业需要正确地定位自己所处的发展阶段，采用适合的管理方法，并结合中国传统文化和企业的实际，在形成整体配合和发挥员工的创新等方面打造中国式管理。

探索中国式管理

中国式管理的三个标志

什么是中国式管理？中国企业家协会曾经对中国式管理提出了一个标准，认为中国式企业管理框架应同时具备三个标志：一是有中国特色，区别于西方管理而独树一帜；二是促进生产力的发展并在企业的成功实践中得到验证；三是具有全球视野，国际公认，有普遍的价值和意义。

这个标准对中国式管理的概括既全面又深刻，它指出了检验中国式管理的三个基本标志。中国式企业管理要具备中国特色，要区别于西方管理；中国式管理要具备高效率，具有比别人更好的性价比，具有比别人更低的消耗，具有比别人更多更好的创新，并且这种管理模式要通过实践的检验，通过实践来证明自己的成功；第三就是可以输出到国外，被国外所接受和承认，并且这个模式不是一种个别的案例或特殊情况下的成功，应该具备一种普适的意义，或者说是可以复制的。

20 世纪 80 年代，日本产品在世界的崛起，确实引起了一股全世界学习日本管理模式的热潮。无数的欧美管理学者、企业家在总结日本企业管理的特点。企业文化、年功序列制、终身雇佣制等日本企业所独有的，与西方企业大不相同的管理模式都被总结出来，也被西方企业学习。日本企业的全面质量管理、精益生产、5S 现场管理、细节管理等管理方法和模式都被全世界的企业所学习和研究。如果对比上面的三个标志，我们会感觉到，日本的管理模式是非常符合这三个要求的。日本的管理模式具有日本企业的自身特点：团队精神、协作精神、整体配合都具有日本民族的特点；日本管理模式的效率非常高，产品质量优异，成本低，消耗少，更加人性化的设计等，说明日本模式的高效率。直到今天，日本的管理模式，在全世界的企业中还在被广泛学习和采用。

美国模式也符合上述的三个标志。100 多年来，美国的管理模式都是世界企业学习的榜样。美国企业创造的流水线大规模生产方式、质量分析和控制管理体系、大型企业集团的管理模式、特许经营模式、仓储超市的销售模式、鼓励管理者和员工创新的股票期权制、风险投资、金融衍生产品管理等都是美国模式的体现，并在全世界得到了全面的推广。

但这个标准体系描述的是一种管理模式成功后的状态，是一种成功后的标志。至于如何达到和实现这种状态，这个标准体系却没有给出答案。同时这个标准体系过于宏观，对于应该如何指导企业管理的具体实践没有指明方向，也没有提出可实施的方法。

组织发展规律假设为我们提供了方向：

1. 我们必须重视组织个体的创新作用，因为创新才能带动组织的发展。如何发挥员工的积极性和激发员工的创造性是中国式管理模式必须具备的特性之一，是不可回避的问题。

2. 组织必须让员工形成默契的配合，才能形成组织整体的力量，组织才有效率。因此中国式管理模式需要让员工之间畅通的沟通，不断的分享，平等的合作才有可能消除员工之间的隔阂和摩擦，才能减少组织之中的内耗，组织的效率才会提高。

3. 组织整体配合的程度是分阶段的，形成整体配合基础上的创新，才是组织发展的最高阶段。因此中国式管理模式需要形成如何带领组织从整体配合的低阶段向高阶段发展的方法。特别是如何处理好整体与创新的关系，既不能因为强调整体而压灭了个体的创造性，也不能因为个体的“创造性破坏”而摧毁组织的整体效能。

探索中国式管理的实践

如何遵守组织发展规律假设而实现和达到这三个标志，形成中国式管理，应该成为中国企业家不断探索的目标。我们也可以用组织发展规律假设来简单分析目前流行的形成中国式管理的方法，看看是否走在正确的道路上。

中国传统的“厚黑学”模式不可能形成现代文明的管理模式

有人把中国式管理变成了中国式的厚黑学，把面子文化、官场文化、等级文化、奴才文化等等说成是中国式管理，这倒是具有了中国特色，是在世界独树一帜的。但是在这样的管理模式下，大家说的都是假话，也不是真实思想的反映，这样的沟通和交流，需要大家去琢磨话语背后的真实含义，去揣摩领导或上级的意图，这种沟通和交流成本居高不下，没有畅通的沟通，是不可能形成有效的配合的，企业的效率必然低下。

在官场文化、等级文化的影响下，员工不可能真正心情舒畅的工作，不可能被激发出潜力，也不会全力以赴的创新。在厚黑学的模式下，组织只可能是效率低下的，员工的主要精力不是在提高产品质量、降低消耗上，而是在处理人际关系中，是在拍上级马屁、欺压下级员工、排斥同级员工中消耗殆尽。同样，这样的模式也不是一种光明的、正义的、值得世界其他国家的企业学习的，更不可能在世界得到广泛的认同和推广。

有学者总结出了中国传统管理智慧有六大原则："人性本善"原则、"人我合一"原则、"道义唯上"原则、"以理制欲"原则、"尚无"原则、"德行不朽"原则。这六大原则正是近年来中国传统管理智慧越来越受到世界管理界重视的重要原因。

对于这个传统智慧的六大原则，也许在中国传统文化中都有所体现，但是在我们的现实工作中并没有成为指导我们生活的真正原则，或者说没有成为我们大家普遍认可并遵照执行的原则，如果我们自己都没有用过，我们怎么去说服别人来使用呢？

从这六大原则的表面上看："人性本善"、"德行不朽"似乎是我们对待别人、指导自己行动的原则基础，"道义唯上""以理制欲"似乎是我们行动的准则，"人我合一"也许是想体现团结与合作，然而我们看不到平等、信任的内容，平等、信任是形成协作的基础，我们也看不到激励、创新的内容，激励、创新是企业发展的基础。用组织发展规律假设来分析，似乎我们在整体和创新上都看不到指导我们具体工作的方式和方法，这样的原则就可以形成新的中国式管理模式吗？我认为可能性不大。

中国式的管理模式

有人认为，西方科学管理已经发展了100多年，他们对管理的研究已经非常深入和细致，对管理理论和实践已经进行了广泛探索，我们可能已经没有办法超过他们，只能学习这些管理理论和方法，因此可能不会产生什么中国式的管理，世界管理模式会发展一致。但为什么日本企业能够创造出值得西方管理学习的模式呢？现在的韩国、印度也都在发展自己的管理模式，为什么不会有中国式的管理模式呢？任何管理模式都需要形成组织的整体，都需要在整体基础上创新，而形成整体与发挥员工的创新都会体现出自己民族的文化和习惯，都有自己民族文化的烙印，每个民族都有自己的习惯和优缺点，这种民族文化的不同就决定了其管理方法的不同。这种不同文化习俗与管理的结合，必然产生自己的管理模式，中国企业如果想要真正崛起，创造中国式管理是必不可少的。

探索中国式管理模式的实践

有很多的中国企业家在努力探索中国式管理的模式。2009 年，《中外管理》杂志曾登载了一组文章，介绍了一些企业在探索中国式管理道路上的实践。

案例一：广东的一家电源企业，管理者坚持推进企业的军事化管理，希望能把企业营造成像军队一样的“家”。员工住在公司免费提供的住房里，一日三餐免费供应，晚上集体学习，还有篮球赛、舞蹈队等各种娱乐活动，每个月还有一次庆生会。每年中秋，老板都会送给每位员工的父母一盒月饼。每年的年终奖，企业还要求员工必须拿出一定的比例孝顺父母，并上报给公司。即使有员工遭遇突发不幸，家属也不必惊慌，因为公司会为员工的家庭解决后顾之忧。公司的财务报表、公司的利润全部向员工公布，而且公司还拿出 20% 的股权分给员工，每年员工都能按月拿到企业的红利。

在这个案例中，我们看到一种强烈的“家”文化的管理模式，管理者想用“家”的形式来形成企业的整体，来凝聚员工的人心。企业为员工提供多种“保护”，企业的财务公开，体现员工之间的平等，可以分享企业的利润分成。公平、分享、集体学习、集体娱乐、员工对父母的孝心表达，都在形成一种独特的文化，都在增强企业的合力，促进企业员工之间的合作与配合，最终形成整体的力量。

案例二：一家公司的领导层坚信“团队中没有不重要的人”。公司的管理层认为“面对一个团队，分成三教九流是没法管理的。对待员工只能看成他们的分工、承担的责任不同”。在实践中，该公司甚至连清洁公司派来的清洁工都能享受到公司的整个福利体系。公司各个部门都特别重视对团队合力的培养，体现部门员工整体的力量。让大多数企业头疼的“部门墙”，在该企业也并不能形成阻隔。即使是目标相矛盾的部门之间也能经常互相出主意、互相帮助支持，使企业各项工作顺畅进行。

企业还把自己内部的合力建设模式推广给自己的经销商和终端零售商，与他们一起形成更大的合力。公司高层认识到“大家合在一起做生意，一定是从战略的高度去考虑，才能够长远。如果只是为了分钱，那终究要出问题，走不长”。

公司总部通过稳定的销售政策，让经销商和零售商都走上了良性循环的道路，通过合力营销，展开价值合作，使双方都获得了稳定的利润来源和长久的合作。

在这个案例中，我们看到公司管理的基础是员工之间的平等，通过平等来形成员工之间的团结与合作，形成了企业整体团队的合作。这种思路，也形成与经销商、终端零售商的平等合作，共同成长的关系，相当于扩大了企业自身的团队，增大了团队的力量，更有利于企业的成功。平等的关系带来稳定的合作，带来稳定的整体配合，这也是符合组织发展规律假设的，因此有利于企业的成功。

这些企业的实践，虽然还是初步的、原始的，但我们从中也可以看出：企业的管理体系公开、透明，甚至企业的财务都向员工公开，通过分享企业利润、明确兑现的奖励制度、鼓励员工的学习等管理方法促使企业的员工形成团结配合的职工队伍，也有利于发挥员工的积极性和创造性。通过凝聚员工的力量形成企业的合力，最终实现企业与员工的双赢。企业为员工、经销商、零售商提供长期的、稳定的、可持续的合作，同样可以扩张企业的力量、形成企业更大的合力，为各方面创造出更大的价值。这种管理模式产生了更高的效率，可以提供更好的产品、降低消耗、提升性价比，为消费者提供更好的服务。而且这些管理方法，也是文明的、正义的，更关注人性化的管理，是一种值得学习和推广的管理模式。这样的探索，我们认为是走在形成中国式管理的正确道路上的。

虽然我们明确了形成中国式管理的三个标志，但通过什么方法和途径来产生中国式管理呢？组织发展规律假设为我们提供了正确的方向。组织管理的目的就是使组织形成整体的力量，通过形成有意识的初始配合——无意识的默契配合——有意识的创新配合这三个阶段，使组织的效率得以提高，组织的整体力量得到增大。简要的说，就是组织管理要在组织的整体和创新两个方面形成自己特有的管理方法。

> 我们想方设法地使这种强调独立性和积极性的管理原则，尽可能地扩展到组织各个层级中。在激发员工的积极性的同时，我们还需要团队工作。
>
> ——阿尔弗雷德·小斯隆

前面我们曾分析过，日本和德国管理模式的成功来自于他们对组织的整体配合，但他们的创新更多的是一种改进和完善，原始创新并不是他们的强项。

美国管理模式的成功来自于他们对创新的管理。美国人个性自由的发挥，鼓励独立、自由的社会环境和文化，促进了他们的创新。创新在美国模式的成功中发挥了关键的作用，但这种创新也是在组织整体配合的基础之上的。

如果中国式管理能够成功，我们也需要在组织的整体与创新这两个方面有所建树，要与中国的传统文化相结合，才有可能创造出真正的中国式管理。因此，组织发展规律假设为企业管理者探索中国式管理指明了方向。

打造中国式管理的方向

在迪斯尼公司，我们坚信协同作用是一家被创造性运转的公司获得丰厚利润和快速增长的最重要的推动剂。协同作用这个词或许是世界各地嘲笑攻击的目标，但在我们这里是最好的发动机！

——迪斯尼公司创始人迈克尔·艾斯纳

当日本企业管理模式成功的时候，在全世界范围内出现了一股向日本企业学习的热潮，各种研究日本企业管理的书籍大量出现并热销，对日本企业文化的研究也发展到了高峰。汤姆·彼得斯的《追求卓越》就是在这个时候出现的，书中分析了美国很多好的企业，认为美国企业在组织管理和企业狂热文化方面也像日本企业一样。

在目前，中国式管理还没有形成自己的理论体系，还不能拿出令人信服的管理模式。依靠技术含量不高的加工产业，依靠使用原材料的初级产品，依靠延长工人的劳动时间，控制提升工人的工资，减少或降低工人的福利待遇，以此来获得低成本，这种管理模式既不可能是可持续发展的，也不可能成为世界学习的一种先进管理模式，更不可能构建和谐社会。

优秀企业的管理模式符合组织发展规律假设

有学者对世界500强企业成功的原因作出了总结，认为其根本原因就在于这些公司拥有优秀的企业文化，这些企业中都不约而同地体现出四种文化特质：一是团队协作精神；二是以客户为中心；三是平等对待员工；四是激励与创新。凭着这四大支柱所形成的企业文化力，使这些500强企业保持百年不衰，基业常青。

这四种文化特质和组织发展规律假设结合，我们可以看到，“团队协作的精神”是放在首位的，就是组织需要团队成员相互协作，目的就是形成相互的配合和支持，最终是组织形成默契配合的整体；“平等对待员工”既是员工相互之间形成配合与合作的基础，也是给员工创造一个平等、宽松的环境，有利于激发员工的潜力，发挥员工的创造性，所以平等对待员工既是形成团队配合的基础，也是激励员工创新的基础；“激励与创新”的文化特质更是直指组织需要创新，而创新必须激励员工，并形成创新的环境和条件；至于“以客户为中心”的特质在于形成企业的愿景和价值观，成为指导组织和员工的基本准则。因此，这四条特质中的三条都直接和组织发展规律的要求一致，也正是组织发展规律假设所指出的一个成功组织应该具备的特性。世界500强特质的总结正好反映了组织发展规律假设是正确的，可以指导产生中国式管理模式。

有学者研究表明，公司的发展应当依赖四大支柱：共同的愿景、一致的激励机制、沟通和信任。企业成功与失败的基础就是看是否具备这四大支柱的支撑。如果我们和组织发展规律结合就可以看出：“共同的愿景”就是为了形成员工整体的配合和合作，“沟通”与“信任”也是为了形成员工之间的合作，这些都是为了让员工团结成为一个整体，提高相互配合的效率，减少员工之间的摩擦，最终是发挥组织整体的最大作用。而“愿景”、“激励”、“沟通”、“信任”都是为了给员工创造一个有利于发挥自己积极性的环境，鼓励员工发挥自己的潜力，最终产生创新成果，带动组织的发展，这也是和组织发展规律假设完全一致的。

从不同的角度研究，会得出不同的结论。通过组织发展规律假设来分析上述的这些结论，我们也可以看出：合作与创新是组织发展的基础。无论是“平等对待员工”、“沟通”、“信任”、“共同的愿景”等都是为了形成企业员工整体的协作和配合；而“激励与创新”、“一致的激励机制”都是为了鼓励员工的创新，直接体现了组织发展规律假设，也成为中国式管理的发展方向。

中国式管理的目的就是要在企业管理的实践中，努力形成企业整体的配合，并在整体的基础上创新，由此产生适合企业自身特色的方法和模式。这种方法和模式可能与其他的企业不同，但是它在自己的企业中运作有效，成为一种企业的全体员工自觉接受的管理方法和管理模式，从而形成了自己企业的管理思想和方法，形成自己的企业文化，最终发展成为企业的一种核心能力。最关键的是这种方法和模式是以形成企业整体和创新为根本的，是体现企业目前最高效率的，并且这种效率要比其他企业都高，这种管理方法和模式才是成功的。这种模式会发展成什么样，可能各不相同，但都有效率。当效率达到同行业中最高时，就是你的企业成功之时，也就是你输出管理的时候。

建设具有自己特色的管理方法和模式，目前虽然没有固定的模式，但可能有各自的特点，主要内容也趋向一致，因为管理的基本规律是相通的。

中国式管理实践的努力方向

组织发展规律假设体系为我们在理论和实践相结合的方面指出了方向和路径，但真正创造出具有中国特色的管理模式还需要中国的企业家们努力的探索。具体来说，我们在打造中国式管理的实践中应该从以下几个方面来努力：

1. 遵循组织发展的规律假设，正确定位企业的发展阶段，有针对性的采用适合企业发展阶段的管理方法。

组织发展规律假设三告诉我们，组织配合程度的发展是分成三个阶段的，每个阶段都在提高组织的效率。因此中国的企业家首先应该定位自己的企业处于哪一个发展阶段，不同的阶段其采用的管理方法是不一样的。

第一阶段是组织成员磨合、初步形成配合的阶段，这是一种有意识的配合阶段。规定和服从是这个阶段的特征。管理者需要制定相关的制度体系，通过把工作量化，形成不同岗位员工配合的基础，这就是制度化管理、数量化管理或者说是泰勒科学管理应用的阶段；这个阶段也是不同成员碰撞而形成规范的阶段，这个阶段也是组织配合的基础阶段，适用于刚刚成立的组织，刚刚采用的新生产方式和方法，以及企业开始变革的初始阶段。

组织发展的第二阶段是组织成员形成默契配合的阶段，这是一种组织成员能够无意识的进行配合阶段。在这个阶段遵守制度已经成为习惯，组织成员进入了一种能够自动自发的相互帮助和支持的阶段。这个阶段能够消除制度之间的死角、空隙和隔阂，打开部门之间的界限，在做好本职、本岗位工作的同时，通过自己的工作而给予别人的帮助和贡献，整个企业融为整体。

这个阶段的管理者应该通过价值观、企业文化来引导员工，打消部门墙，消除官僚主义，打击小团体利益和思想，鼓励部门之间和员工之间的开放和协作，强调整体的配合与达成组织整体的目标。

在组织发展的第三阶段是组织成员的创新阶段，是一种在企业整体配合的支持下企业员工有意识开展主动创新阶段。这个阶段企业管理者需要鼓励员工的创新，在企业中形成鼓励创新的环境，给予员工创新必要的物质条件支持，对创新进行奖励等。

组织发展规律假设告诉我们，组织的发展是分阶段的，不同的阶段管理应该采用不同的管理方法。因此了解了组织发展规律假设，给予中国企业的管理者一个判断的标准，遵循这些固定的基础管理理念和规律，才可以保持企业稳步向前发展。

企业正确的定位，可以使企业正确制定出适合的目标，并保证企业的管理不偏离方向，不浪费企业的时间和精力以减少管理者的迷茫。

企业正确的定位，可以帮助企业选择适合的管理方法和模式，避免不合适的模式对企业造成损害。适合组织第三阶段的管理方法和模式可能不适合第一阶段、第二阶段的组织，强行的采用，会对组织造成破坏性的后果。

2. 学习、了解组织发展规律假设，结合中国传统文化和企业的实际来应用、发展、创新管理方法。

中国企业的员工带有中国的民族特性。迈克尔·波特在研究中发现："每家企业的管理模式虽有不同，但是和其他国家比较之后，依然会出现其民族文化的特色。"任何管理方法如果不能和中国的民族特性结合起来，是不可能得到长久的应用的。中国企业在形成整体运作的过程中，应该利用我们民族的传统，帮助我们更快的达到整体配合的目的。我们应该分清传统文化中哪些是有利的于现代管理的，哪些是不利于现代文明发展的，把有利的东西发扬光大并与我们的管理方法结合，就会产生真正的中国式管理。

中国企业在形成中国式管理中要淡化等级观念，树立合作、协作的思想；所有者、管理者要放弃"治人"、"管人"的思维模式，以"服务"的理念，创造环境，帮助员工形成合作关系；以建立整体组织为目标，开展组织学习，提倡团队中全体员工的共同学习、共同提高；以团队合作为中心，建立企业的整体协作的体系，并逐渐向更高层次的整体配合阶段发展。

建立企业的整体，是一种人的整体，而不是职位和层级的整体。职位和层级只是分工不同，只是一种为了合作的工具和手段，绝不是目的。企业的员工是平等的，大家应该以一种合作共赢的心态来建设企业，通过分工合作，通过相互配合实现整体的效率和力量。

企业管理方法的应用，就应该以保持和建立企业的整体作用为标准。如果准备采用的管理方法和模式有利于企业整体作用的发挥，就可以应用，否则就不能采用。某些管理方法可能短时间对提高企业效率有好处，但长期对企业整体有损害，这种现象需要特别的注意。

3. 以产品和服务的开发和完善为企业管理的核心，产品和服务是企业管理永恒的主题，是占领市场的唯一办法。

企业作为自发的商业性组织，要实现自己的目标，其根本的载体就是产品和服务，企业要通过出售产品和服务来实现自己的利润目标。因此改进产品、提高质量和提供更好的服务是企业管理永恒的工作，好的产品靠员工生产出来，好的服务靠员工提供，但这里说的员工不是单个的员工，而是处于一个团队中的员工。杰克·韦尔奇认为："对组织有着认同感的员工必定是高效率的员工。"对组织、对团队有认同感的员工才是好员工，管理的作用正是帮助员工形成对企业的认同感，形成团队合作的力量并发挥每个员工的潜力来提高工作的效率。有了好的员工队伍才会有好的产品和服务，才能应对企业面临的同行业竞争。企业永远不能忽视和放弃对产品和服务的改进。

4. 中国式管理是在不断学习、创新和实践中产生的，将会吸收世界最先进的管理思想和方法。

随着人类知识呈现爆炸性增长的态势，信息获取的方式和形态也更加方便快捷，关于管理的各种新思想和新方法也在层出不穷，中国式管理不是封闭的，而是开放的，它应该吸收世界先进的管理思想和方法。目前最大的问题是我们应该选择什么方法最有效果？这种选择是靠管理者的经验、爱好、从众心理、权威心理，还是有什么具体的判断标准？

组织发展的规律假设为管理者提供了这种标准，使管理者可以根据自己企业的组织发展阶段来选择和检验各种管理的新方法。判断和检验这些方法能否适合本组织的发展阶段，是否有利于组织整体配合的发展和提高，是否有利于组织。组织所采用的管理方法是立足于企业的实际，引进方法的目的明确，这也将使引进的管理方法更容易推广使用和发挥效果。

5. 加大宣传、教育和普及管理知识力度。

一个国家的管理水平体现了国民的综合管理素质。我们需要进一步加大对管理基本知识的普及教育，既要宣传新的管理模式和方法，又要宣传管理的基本原则和基本规律，普及管理的基本知识。只有社会成员对管理基本观点具有正确的认识，才会有整个社会管理水平的提高，也只有员工对管理基本知识的正确认识，企业的管理水平才能够快速提高。如果我们一直停留在通过“个人修炼”达到“治人”的目的，把个人的成功建立在“治人”的基础上，我们就无法形成良好的管理环境，也无法真正提高我们的管理水平。

6. 不断进行实践锻炼，才能产生适合自己企业的管理模式。

管理是一门实践的科学，任何管理方法都诞生于企业的实践之中，经过实践的检验，最终才会上升到理论的总结。最先进的管理方法和模式，往往来自于企业的最基层和最前线，企业的创新也来自于第一线。企业只有不断的进行实践，才能从实践中产生适合自己的管理方法和模式。其他的企业即使照搬，也难以学到精髓，因为他们没有经过这种管理方法的实践，没有形成支撑这种管理方式的文化。

7. 加强对中小企业的创业指导。

中小企业占一个国家企业的大多数，为一个国家的经济发展作出了非常大的贡献。中小企业在活跃经济、解决就业、满足市场细分、产生大量的创意、创新等方面都发挥着巨大的作用。中小企业的管理也是中国式管理的重要组成部分。但中小企业由于自身实力小，管理者身兼多职，缺少管理经验等原因导致管理不正规，需要在管理上提供支持和帮助。提高中小企业的管理水平和管理者的素质，将进一步增强中小企业的活力，促进他们的发展，同时还可以培养企业的员工，转变员工对现代企业管理知识的认识，提高员工的基本管理素质，从而带动整个社会企业管理水平的提高。

8. 及时归纳、总结、提炼具有中国特色的管理模式。

通过对组织发展规律假设的认识，我们清楚地了解到要形成中国式的管理，成功的基础是形成组织的整体，发挥组织整体的作用，并在此基础上进行创新。这一规则适合于不同的民族和国家的企业管理，是一种普遍适用的规律。而中国式的管理就是要用适合于中国民族特性的方法，更快、更好、更有效地实现组织的这种整体配合状态，并发挥出我们员工创新的力量，同时尽量使组织的整体配合状态保持在组织发展的第三阶段，这才是形成中国式管理的真正挑战。中国传统的儒家、道家文化已经深入到中国民众的心中，我们的管理者是否可以从中吸收好的东西，抛弃其中的糟粕，用中国的方法形成企业内员工团结、和谐、互相配合的整体。

中国传统文化中形成整体的方法有“破釜沉舟”、“置之死地而后生”的造“势”方法。这些方法不适合现代管理，因为造“势”只是一时，甚至有“愚民”和“操纵”组织成员的含义。现代企业管理中，我们希望企业能够持续的发展，我们对待员工必须是“平等”和“真诚”，是一种共同协作、共同发展的管理模式。因此未来的管理模式一定是每个员工都是平等的，大家能够平等交流、沟通、分享、互助和尊重，我相信中国式管理模式也一定能够这样。

从组织发展规律假设来看，发展到第三阶段的组织，是处于在整体基础上的创新状态，管理者必须协调好组织整体的效率和发挥员工创新的作用，坚持用“整体”和“创新”这两条腿走路的方针，确保企业处于领先的水平。企业只有按照规律一步一步的发展，经过组织发展的三个阶段，最终达到第三阶段并能保持在这一阶段的组织，才能实现企业持续的发展。企业无法越过前两个阶段，直接进入第三阶段。组织发展的规律假设是企业管理的基石，只有正确的理解并沿着规律探索和实践，我们才有可能找到有中国特色的管理模式。

中国式管理模式的未来雏形

> 创造性模仿不是人云亦云，而是超越和再创造。
>
> ——哈佛大学教授西奥多·莱维特

中国式管理的特点

由于企业管理的根本是对于人的管理，而人是在特定的文化环境下成长起来的，不同国家的管理必然都带有各国的文化烙印。但是管理的一些基本规律应该是相同的，只是在不同的国家和不同的企业，规律应用的组合有所不同。企业作为一种商业组织，往往带有强烈的创立者的信念和价值观，这也会造成企业之间管理风格的不同。

美国的企业崇尚个人英雄主义；欧洲的企业追求稳定的发展；日本的企业追求整体的作用；韩国的企业追求“家文化”的组织形式，中国的企业会形成什么特色呢？是以中庸之道的方法来形成员工之间的合作？是以海纳百川的心态来接受不同员工之间的差异，更好的形成整体配合？还是以无为而治的风格来鼓励员工的各类创新？

海尔集团总裁张瑞敏在参加1999年的财富论坛会议时，曾经谈到：海尔的发展是神速的，我的体会只有四个字：创新、借力。管理中国企业只能用中国的模式。我的管理模式是：日本管理（团队精神和吃苦精神）+美国管理（个性舒展和创新竞争）+中国传统文化中的管理精髓=海尔管理模式。

这个公式相当清楚地体现了组织发展规律假设的要求，反映出十多年前的张瑞敏已经认识到整体和创新，并结合了中国传统文化的管理方向，这正是海尔前期发展成功的基础。实践是检验真理的唯一标准，真正有效的中国式管理模式将在实践中产生。

我们都清楚东西方的文化有所不同，这些不同，必然带来企业管理模式的不同。但企业管理的目标是一致的，管理的基本规律也是一致的。“条条大路通罗马”，为达到相同的目标，大家所走的路径可能不同，采取的措施不同，因此企业的管理“只有适合的，才是最好的”。

在中国兵法中，军队的应用讲究“势”。就是要形成一种气势，他们往往通过“置之死地而后生”、“破釜沉舟”来形成这种气势。这种气势的目的就是要激发每个士兵的全部力量，使整个军队成为一个整体，整体作战的军队将战无不胜、攻无不克，整体的力量是巨大的。

现代企业倡导“领导力”的概念，领导力所发挥的根本作用之一，就是在企业中形成这种气势。要调动全体员工的力量，激发出全体员工的潜力和创造性，使企业上下一心，形成整体的力量。拥有整体的力量企业就能转危为安，并不断发展壮大。《孙子兵法》中说“上下同欲者胜”，我们在管理中就是要寻找“上下同欲”的具体方法。

组织发展规律假设指明了组织形成整体和创新的步骤和过程，使组织的发展遵循明确的阶段，达到明确的目的，形成了具体的、可操作性的原则，为组织的发展奠定了基础。

管理模式的发展背后是管理理论的支持，没有理论支持的管理是无法持久存在的，这也是我们看到很多的管理方法名噪一时，而短时间内就悄声无息的原因。

实践既产生理论，同时也接受理论的指导，实践还是验证真理的唯一标准。要实现中国管理的现代化，我们决不能放弃管理理论的研究，要注重管理的实践。在经济全球化的浪潮之下，一定会产生具有中国特色的企业管理理论和管理模式。

中国式管理的未来雏形

面对日新月异的市场，面对全球经济一体化的竞争，面对层出不穷的管理新理论、新思想、新方法，面对西方成熟的企业管理理论体系，中国企业应该如何应对？在当今知识爆炸的年代，面对不断改进和发展的搜索引擎，企业管理者可以随时获得大量的信息和知识，管理者应该怎样消化、理解、应用这些知识？管理需要决策，决策需要信息，但是当信息量太多的时候，它又会阻碍我们对问题的清晰判断，影响我们的正确决策。面对纷乱复杂的形势，面对铺天盖地的信息，如果企业的管理者随波逐流，什么新潮就用什么，别人用什么我就用什么，企业是不可能发展壮大的。企业管理者必须遵守组织发展规律假设，以规律假设作为自己心中坚定的管理基本原则，以规律假设作为指导企业管理的主线，企业就将立于不败之地。

未来的中国式管理，应该具有中国特色的管理模式，企业应该从以下几个方面来把握管理的要点：

1. 成功的企业一定是尊重员工的，企业的所有员工是平等的，唯有平等才有沟通、分享、协作。平等是现代企业管理的根本。

2. 坚持形成组织的整体，唯有整体才有企业的持续发展。要建立以团队为基础的企业运作模式。在新形势下，企业的任务以团队为基础来完成，团队的成员由于范围较小，成员之间比较容易相互支持和配合，相互的启发和创新，相互的学习和提高，通过全体成员的共同努力来完成任务。公司总部以专业化的职能部门，在资金、重大的研发、重大技术的突破、公司品牌、公司内的全球化信息等方面，给予前线的项目团队随时随地的强有力的支持。公司总部根据前方传回的信息和要求，随时组织资金、各种资源、技术和生产的支持，在公司内部形成一种新的分工来实现企业整体的配合，做到既发挥出大企业的优势，又具有小公司运作的灵活性。

3. 在企业中形成持续改进和创新的气氛和环境，建立鼓励创新的奖励政策。未来的企业应对变化是一种日常的工作，因此需要随时的创新，这也是组织发展到第三阶段的要求。这是一种企业全员参与、面向企业全方位的创新，它不只是技术的创新，也包括经营模式或管理模式的创新。由于知识员工的工作无法用具体详细的规章制度来约束，其工作过程也无法用可视的方法来直接控制和管理。在知识经济时代只能对工作结果进行管理，按照最终的结果来评判和考核员工，因此企业需要建立一套有效的奖励和激励政策，鼓励和引导员工自觉自愿地完成任务。企业要采取一些诸如：随时奖励、股票期权、比例分红等，用企业发展的共同利益来引导员工。

4. 通过价值观、企业文化来引导和约束员工。知识员工已经无法用以前的规章制度来约束，主要有三个原因：一是规章制度无法控制知识员工的思维和知识交流，对于需要通过脑力劳动而产生成果的工作，用规章制度无法控制；二是知识员工的专业知识可能已经超过上级，而公司以往的规章制度是无法去直接指导决策的。三是信息来源于基层，高层往往无法及时得知最前线的信息，无法及时作出决策。由于这三方面的原因，企业只能靠建立价值观、企业文化的“软”约束来引导员工完成企业的目标，以企业的价值观来引导员工的创新活动、市场开发、客户服务，使他们作出符合公司价值观的决策。

5. 区分“领导”和“管理”的不同，充分发挥领导力的作用。在知识经济时代，对员工工作无法进行过程管理，也无法进行过程控制。企业管理者工作的重心也应该从建设制度体系转移到对员工的引导和激励上来，也就是从“管理”走向“领导”。管理是建立制度体系，通过落实制度体系来实现企业整体的配合，发挥出企业整体的力量。而在需要创新的知识经济时代，领导是确定正确的战略方向、调动员工的激情、鼓励士气、形成气氛、创造形成企业的文化和价值观。领导还需要协调好组织的整体，随时支持前方的工作团队，让前线的团队去接触客户、了解客户需求，为客户提出创新的解决方案，为企业创造更多的价值。

6. 下放决策权，尽可能接近客户。在新形势下，市场和客户都需要灵活的决策，而直接接触客户的是在基层第一线的员工，因此企业的决策权要下放。满足客户的需求是企业最根本的目的，企业必须尽可能接近客户。市场的变化、客户个性化需求、激烈的竞争都要求企业要尽可能的接近顾客。一方面需要从顾客中了解需求，开发产品和服务来满足客户；另一方面，也可以通过开发的新产品来引导客户需求，创造出新的需求市场。因此企业必须尽可能地接近客户。

7. 建立扁平化组织结构、配备精干的管理人员。在新形势的要求下，企业需要形成一个反应迅速、信息沟通便捷的管理体系，因此形成扁平化的组织结构、配备精干高效的管理人员是企业发展的必然趋势。

管理的基本原理是一致的，但是各国的实施却都带有本国文化的特点，具有本国人生活与工作的习惯，最终其管理模式一定带有本国的特点。在了解了管理的基本规律后，我们创造自己的管理模式，遵循正确的管理规律，在管理实践中也会很快产生中国式管理模式。

第九章

如何形成具有中国特色的软实力

从中国企业向海外发展所遇到的困难，可以看出我们软实力的不足。真正的软实力产生于我们自身的行为，产生于我们自己的企业管理，这种模式能被我们的员工接受，能够成为我们员工相互之间的行为准则和习惯。

正视缺点，发展软实力

“软实力”（Soft Power）的概念是由美国哈佛大学教授约瑟夫·奈提出的，他明确指出软实力的三种主要资源：文化、政治价值观及外交政策。约瑟夫·奈提出的软实力主要是针对一个国家而言。在和平年代，企业的竞争力决定了国家的竞争力，国家软实力代表的就是企业的软实力。我们可以把针对国家的三种软实力资源缩小化，将上述的三种资源变成企业文化、企业价值观和企业的管理模式。文化和价值观是联系在一起的，最终决定了企业的管理模式。文化和价值观与一个国家的传统文化和传统习惯联系在一起，分析这些传统文化和习惯可以帮助我们了解我们在软实力方面的缺点。

当中华民族进入到民族复兴的关键时刻，我们一定要清楚地了解我们为什么能够复兴？过去我们为什么会衰败？是什么原因造成我们的落后？现在又是凭借什么复兴和崛起？如果我们不能认识清楚其中的原因，可能就是一种误打误撞的成功，或者是一种带有运气成分的成功。在当今信息化时代，世界是平的，信息流、物流在全球流动的状况下，这种偶然的机会几乎不会出现。中国要复兴要崛起，必须有我们自己的核心能力和优势，包括我们的软实力优势，而这种优势必然是建立在我们的传统文化上，体现在我们的民族性上。

从中国的民族性看我们的软实力

关于中国的民族性是近代以来谈论最多的话题，不只是我们中国人自己，美国人、英国人、日本人都曾详细论述过中国人的性格。

陕西师范大学出版社曾经出版过《中国民族性》一书，是20多年前国家“七五”重点科研项目的一个课题研究结果。书中的内容主要是近、现代一些包括国内外名人、学者对中国人性格的看法和分析，书中列出了一些名人的观点，并给相同的论述进行了归类。但全书缺少理论指导，没有通过分析得出有关的结论和观点，只是对中国人性格分类的综合提炼，既没有分析产生或养成这种性格的根本原因，也没有对这种性格的利弊作出深入的分析，从而提出改进或避免的措施。这样的研究结果对指导人们的改进和提高没有什么实际的作用。

由于这本书没有一种理论的指导，导致对中国人民族特性的论述也比较杂乱无章。关于中国人缺乏组织能力的证据，我们在《中国民族性》中看到了很多的论述：

- 梁启超：“中国人不知群之物为何物，群之义为何义，故人人心目中但有一身之我，不有一群之我。”“中国群力之薄弱，固早已暴露著于天下矣。”
- 柏杨：“有中国人的地方就有内斗，中国人永远不团结，似乎中国人身上缺乏团结的细胞。”
- 储安平：“中国人组织和合作能力都非常缺乏。”“中国人只知一己而不知他人，只知独行其事而不知与他人协力合作，所以中国的社会，散漫而不凝结，松弛而不严密，只有一时的集合而不易有经久的组织。”

书中这样的论述有很多，反映了中国人在组织的建立与形成中，成员配合方面存在着弱势。在关于中国人的创新能力方面，书中并没有做统一的归纳总结，而是分散在不同论点中。如：“安分守己、抱残守缺”，“不思改进、安于现状”，“走老路、最保险”，“缓慢而缺乏创造激情”等。这些描述作为中国人性格的代表，说明了我们确实缺乏创新能力，本来创造过东方古老文明的中国人应该是具有创新能力的，只能说在中国传统的体制下，中国人的创新能力被禁锢了，由此造成了现代文明的革命没有在中国产生。

组织发展规律假设告诉我们：组织的发展取决于组织的整体和创新。通过对中国民族性的分析，我们可以清楚地看出，中国民族特性中存在的最大问题有两个方面：一方面我们对组织整体的作用缺乏认识，中国人被认为是一盘散沙，组织不起来，就像储平安所说的“只有一时的集合而不易有经久的组织”，中国人没有为建立组织、保持组织的整体力量而具备的合作能力，简单的说就是我们缺乏团队合作的能力；另一方面就是中国人在长期传统文化影响下，变得因循守旧，不敢出头，缺乏创新的能力。也就是说，中国传统的民族性在整体和创新两个方面都存在较大的问题。形成组织的整体与发挥组织成员的创新都需要相应的价值观、文化、环境、气氛，还需要如何管理整体与创新的管理模式，最基本的就是我们在软实力指标上，都不能具备整体与创新的要求，无法为组织提供整体配合与创新的条件。组织发展规律假设告诉我们：整体和创新正是现代组织成长与发展的关键要素。没有对这两方面的有机结合，一个组织就无法正常的发展，也很难取得最高的成就。

一个组织的发展离不开整体和创新，其文化和价值观也正是围绕着整体和创新来服务的，发展软实力的方向也不能离开整体和创新，可以说组织发展规律假设也是建设我们软实力的规律和方向。

中国人想要崛起和复兴，就要唤醒中国人的组织能力和尘封已久的创造力，这也将是中国人崛起和复兴的根本动力。我们认为中国人还是具备创新基因的，两千多年在人类的历史中只是短暂的一瞬，还不至于破坏中国人的创新基因，只不过这种创新的基因被一些外因压制和封闭起来了。如果环境适当，中国人的创新能力会重新焕发出来，改革开放30年，我们取得的成就就是最好的证明。如果我们还要继续发展，更需要进一步解放思想，从解放中国人的组织能力与创新能力入手，这样，中国就真正具有了崛起和复兴的希望。

从团队精神看我们的软实力

2008年上海电视节曾经专门邀请了美国著名电视剧《迷失》《丑女贝蒂》《老友记》的制作人、编剧和导演到上海与中国电视剧业界同行交流。邀请美国电视剧同行交流，既可以提升上海电视节的档次，逐步提高在国际上的影响力，又可以与国际同行交流、学习。据说参加这次交流的中国电视界的同行，都是一些当今中国电视剧行业的大腕。

本来是一个学习和交流的机会，结果变成了一场对中国电视剧行业发表各自意见的辩论会。看到这些中国电视剧的编剧、导演、制作人之间的辩论与调侃，美国人觉得异常的奇怪。《老友记》的导演罗杰克里斯滕森问的唯一一个问题是："你们从不讲团队精神吗？"

团队精神以及所带来的合作、分享、相互帮助和支持就是软实力的基本要求。中国自古就有“文人相亲”的传统，对于编剧、导演、制片人等这些顶尖的“文人”高手之间，“文人相亲”就是最自然不过的了，只不过美国人完全不理解具有几千年中国传统的这种嗜好。中国编剧认为，水平相当的编剧很难合作，而水平不一样的编剧更不好合作。也许这就是中国人合作的现状，水平差不多的互相看不起，水平有差别的也互相看不上，这样的心态怎样合作？没有合作就没有团队的配合，也就很难形成团队整体的力量。

在中国各行各业，各个阶层，不懂团队合作、不会团队合作的现象比比皆是。上海电视节清楚地暴露出这个问题。我们现在是开放了一些，在外国人面前也敢于表达自己的意见了，但是，当我们开放以后，我们的很多弱点也开始表露无遗，最可怕的是我们还认识不到我们自己的弱点和问题。

这些中国顶尖的电视界大腕，可以个性张扬，可以表达自己的思想或态度，但在张扬的同时也露出了自己“没有团队精神，不懂团队合作”的短处。

美国编剧告诉记者：美国制片人、编剧、导演之间的关系非常融洽，他们之间一定要有团队精神，美国人的合作意识是从小就开始训练的。

团队的合作可以集中大家的智慧，而不是只听一个所谓的“高人”。美国人不理解中国的文化，他们觉得很自然的事情，在中国可能就非常困难，这就是文化的差异。

可以说，不解决中国人的团队合作问题，中国的软实力就无法提升。现代与未来的社会是一种平等的社会，世界会越来越平。平等的社会更依赖合作，没有合作精神，不懂如何合作，在未来的社会就很难生存与发展。

从中国留学生的习惯看我们的软实力

2010年《华尔街日报》曾刊登了一篇文章，这篇文章是美国耶鲁大学管理学院MBA研究生班的学生会主席，在一次和中国留学生的畅谈后写下的。从一个美国青年人的观点来看，在耶鲁留学的中国学生在学习过程中所表现出来的中美文化差异。

从组织发展规律假设来分析，是我们在如何形成团队的合作与如何发挥个人的创新性方面存在问题。作者一针见血地指出了我们文化中存在的弱点：我们不习惯提出自己独立的见解，我们不敢质疑权威；我们不习惯团队的配合，我们很难以一个团队开展工作、完成任务；我们不能和同学、朋友正常的融合，建立正常的关系，我们习惯于单打独斗。

这几个习惯从表面上看好像并不是很严重的问题，其实这些不好的习惯所体现出来的文化直指我们的组织发展规律假设，任何一个组织要想发展壮大，就是要依靠组织成员的配合协调来共同完成任务，所以需要团队合作。任何一个组织要发展也需要组织成员发表自己独立的见解，发挥自己的独立作用去完成任务，组织需要成员去创新。这两个方面是组织发展的基本要求，从美国学生对中国学生的习惯评价中看出，我们在这两个方面都存在巨大的问题。美国人可能并不理解，作者只是感觉美国人在这些方面都很习惯的事情，为什么到中国人这里就变得很难，只能说这是一种文化上的差异。

虽然这是一篇小文章，但却反映了我们中国学生在这两个方面的差异，最关键的是我们还没有认识到这种差异，甚至很多人不认为这是一种差异。

在这篇文章后面有47个读者的跟帖，简单分析发现其中有21篇跟帖的读者根本就没看懂这篇文章，说文章标题是讲中美文化的差异，怎么文章中没有出现提到文化的差异啊？没有提到中国留学生啊？文章跑题了啊？其实文章通篇分析的就是中国留学生与美国学生在形成合作与创新方面行为方式上的巨大差异，作者将这种差异归结为是一种文化的差异。这些跟帖的读者根本就没看懂，大概文章中很少直接提“文化”两个字，这样的读者根本就不懂文化，也根本不懂行为中代表的文化含义，无从分析中美文化差异的原因，也无法了解这种差异对未来中国发展的重要性。我们认为能看《华尔街日报》（中文版）的文化层次应该都是相对较高的人吧？怎么还有超过40%这样的人呢？所以我们觉得解决文化的问题可能困难重重。

有12篇跟帖，只是轻描淡写地谈到文章中的文化差异，觉得这只是小事情，甚至觉得这是美国人在挑刺，认为我们要写美国学生的不足也很多，这不算什么大事情。我们认为这些读者根本就没有理解这种文化差异后面隐藏的巨大危机，对这种差异可能带来的危害根本没有认识。因为我们大多数人从来就不知道组织发展的规律，也不知道组织怎样才能发展壮大起来，我们更多的是靠一种所谓的“人际关系”来建立我们的关系组织，而不是一种公开的团队合作的关系。

从这些跟帖中我们可以看出我们大多数的人都对组织发展的规律不了解，也不知道怎样去提升和发展一个组织；对我们不善于团队合作，不知道如何创新的问题认识不足，或者是根本没有认识，从跟帖中看出这样的人还占大多数，我们的民族对组织整体配合的理解、对创新的理解都存在较大的问题。看来我们的软文化的更新，在形成整体和创新的文化和价值观方面还有很长的路要走。

从中国企业海外发展的困难看我们的软实力

随着中国的崛起，中国企业的海外发展成为必然。海外发展意味着输出我们的管理和我们的软实力。但是在中国式管理模式和我们的软实力还在形成的过程中，我们的海外实践面临着众多的困难和挑战，很多方面都需要摸索和提高。

自身管理模式不完备

中国企业走向海外的基础是产品，但产品的背后包含着众多的支撑因素，例如以客户为中心的设计理念，适合当地客户消费习惯的改进，产品的质量和成本，产品的售后服务，收集当地客户的消费反馈意见，产品品牌的塑造等，这些都是围绕产品本身进行的，相对来说还是简单和直接的。

如果我们涉及到海外直接投资或海外生产产品，就需要输出我们的管理模式，如何管理当地的员工，如何调动当地员工的积极性和创造性，我们要告诉当地员工，我们是如何生产出高质量和低成本产品的，我们需要输出我们的价值观、输出我们的文化、输出我们的管理制度和生产方法，还要输出我们的服务理念和方法。直接投资后我们就成为当地国民的一分子，既要享受国民待遇，也要遵守当地的法律、法规、习俗和文化，还要体现中国企业的社会责任。

总之，中国企业走向海外，需要输出我们的管理模式。但是，现在最大的问题是，我们很多企业在国内还没有形成完备的管理模式。例如："我们对客户的不重视"、"我们对待员工的不平等"、"我们靠着低工资、低福利和加班来实现低成本"、"我们只顾自己获利，不管社会责任"、"我们喜欢投机取巧"、"我们喜欢钻法律法规的空子"、"我们喜欢走捷径”、“我们重视短期利益而不顾长期的利益”等等，这些管理习惯和方法往往不能公开的宣传和倡导，输出到国外也无法被当地员工和民众所接受。特别是如果我们说的是一套“高调”的宣传口号，而实际干的是另外一套，我们就会被当地社会和员工看不起，当地的员工也不会为这样的企业全力以赴，没有当地员工的支持，我们的海外发展是无法成功的。

管理输出中的文化冲突

由于每一个国家的管理模式背后都有其自身的文化支撑，当把一个国家的管理模式输出到另一个国家时，必然会产生文化的冲突。在国内很好用的管理模式拿到国外就有些就失灵了。麦肯锡曾经有过一个案例，在20世纪90年代，一个中国民营企业到美国去兼并一个小型发动机的一个产品。当时，这家企业通过分析看到：无论是从降低成本，行业结构，生产的转移，还是获得新产品，进入新市场，都有巨大的潜力。因此，这家中国企业成功实施了这次兼并。兼并后，沿用原来的管理团队，希望能够重新调动外国人的积极性，发挥国外公司管理层的作用，但是最后，这次兼并以失败告终。最核心的原因就是，美国的管理层从兼并的第一天起，就没有认可中国的企业管理。他们不相信中国产品的质量，不相信我们的管理模式。我们的软实力无法让这些美国人认可或接受，即使给他们开着工资和奖金，但他们从心里不认可中国企业的管理。这样的兼并最终只能失败。

联想在收购IBM的过程中，董事局主席柳传志并不讳言联想曾经走过的弯路。他说：“文化磨合决定收购的成败。”在当初评估收购风险时，柳传志自己认为有四方面存在风险：市场流失、员工流失、文化磨合和业务整合。其中，文化磨合是他最担心的。收购后维持销售人员、最高管理层不变，只是文化磨合的一小步。两国的国情不同、两个企业各具特色的企业文化，在收购后的日常管理中，还是带来了种种不和谐。

迈克尔·波特也说到："民族文化对企业管理和组织形态的影响，很难找出通则，其中比较重要的层面包括：人民对权威的态度、人际交往的形式、员工对主管的态度、主管对员工的态度、社会对个人或组织行为的规范，乃至于专业标准等。这些文化原则与教育系统、宗教和社会的传统、家庭结构，乃至其他无形但具有独特意义的民族特征相结合。"

海外企业的管理核心是对文化融合的管理，而不同民族的文化是有所区别的。

曾经看过这样一个笑话，一个老外来中国参加汉语考试，题目是：请解释下列对话中每个"意思"的真正意思。

某人给领导送红包，他们之间的对话非常经典。

领导："你这是什么意思？"

某人："没什么意思，意思意思。"

领导："你这就不够意思了。"

某人："小意思，小意思。"

领导："你这人真有意思。"

某人："其实也没有别的意思。"

领导："那我就不好意思了。"

某人："是我不好意思。"

老外崩溃了，泪流满面，痛哭流涕，交白卷回国了。

这段话，成年的中国人都能看懂，也能正确理解其中的含义。理解这段话的基础是我们的文化，不了解中国传统文化中的上下级及卑尊有序的等级文化、不了解中国人情世故的文化、不了解在中国普及的送礼、人情的文化，不了解中国人的“面子”文化，是无法理解这段对话的。

在我们的传统文化中，我们的沟通成本太高了。我们的沟通往往都不是直接的，而是“话里有话”、“话外有话”，大家说话表达的都不是字面上的意思，真正的意思藏在话的背后，需要大家从话外理解真正的意思。于是在沟通中，大家都靠揣摩上级的意图，领会上级的精神才能开展工作。理解对了，做好工作，才会得到领导的赏识；如果理解错了，工作做的不符合领导的意图，就会被认为不懂事，将会被“靠边站”，甚至影响发展的前途。

中国传统文化讲究“面子”，很多事情员工之间当面不能说，直接指出问题怕伤了和气，往往是通过他人来传话。从正面说，是给同事留着面子，从反面说就是打小报告，打击同事，抬高自己。这样的文化和习惯怎么可能做好团队配合呢？

中国人的沟通成本太高，很多沟通往往不是在正常工作中交流，同事间交往都是说一些冠冕堂皇的大话，真正要说的心里话只能是在私下里说，酒桌上说，在送礼的时候说。

没有良好的沟通，我们无法形成默契的配合，也无法形成整体的力量；没有良好的沟通，浪费了我们大量的时间和精力去揣摩别人，这样的协作和配合又怎么能够达到高效率呢？没有高效率我们怎么能够在竞争中占据优势呢？

我们传统文化中的个人修炼，没有相互帮助，没有共同提高，有的只是我如何比你高，如何比你强，就是讲究个人提高，没有团队学习、组织学习，没有共同提高的思想。

海外输出缺乏有效应对措施

正是由于我们自身管理模式还不完备，我们对输出管理的文化融合所带来的困难又没有充分的认识和准备，因此中国企业在刚开始的走出去过程中受到过一定的失败和挫折。

2005 年联想兼并 IBM 的笔记本电脑业务，想通过兼并成为一个国际化的企业。联想甚至将总部搬到美国，聘用国际化的 CEO 来管理国际化的联想。但是 2008 年，联想第三季度的业绩下滑，内部员工的变动，关于整合过程中文化的冲突，甚至对董事长杨元庆的一些抱怨都不断进入公众的视线。联想是中国企业国际化的排头兵，兼并的是世界顶级企业的顶级品牌，可以说联想的成功与否直接牵动着中国的企业家、管理者、专家学者的心。因为联想的行为代表着中国的企业，代表着中国的管理，全中国的企业都希望它能够成功，能够为中国企业的国际化创出一条成功之路。

对于联想整合过程中出现的问题，社会上有很多的分析和论述，各种说法都有一些道理，但并没有一个令人信服的结论。

组织发展规律假设告诉我们：企业管理的基础就是把企业凝聚成一个整体，同时还需要让企业中的每个员工能够创新，整体和创新就是组织发展的两个核心方面。怎样才能形成整体？怎样让员工创新？这才是我们的管理者应该做的工作。

我们缺少的就是如何在心灵的层面去“兼并”或“征服”别国的企业员工，我们的管理者很多是靠着“治”的思想来管理员工的，而这种思想带来的管理不可能被外国企业接受，也不可能产生最有效率的管理。

> 以爱为凝聚力的公司比靠畏惧维系的公司要稳固得多。
>
> ——美国西南航空公司总裁赫伯·凯莱赫

企业兼并的核心确实是一种文化的兼并，兼并方带来的不只是一种强势文化，更是一种先进的文化，企业的文化体现着企业组织的整合与组织整体的效率，执行这种文化才能得到这种效率。因此我们首先是要具备这种先进的文化，然后还要有对于文化融合的各种应对措施。例如抵触这种文化的被兼并方的员工，应该毫不犹豫地给予剔除，如果我们过于迁就，就无法建立起有效的文化，组织也会处于一种模棱两可的低效率的运作过程中，那么业绩的下滑是必然的。

管理模式没有上升到软实力的层次

管理模式的核心体现的就是价值观、文化等软实力方面的内容。也许管理方法只是一些“形”的体现，是一些具体的管理质量、管理供应链、开展售后服务的具体规定和方法，但是管理最终的核心还是在于如何看待和对待你的员工、你的供应商、你的客户，甚至是你对社会、对自然环境、对人类未来发展的看法，这就是你的价值观的体现，这才是管理的“神”。我们的管理模式需要“形”似，但更需要“神”似，这才是软实力的体现。

目前的很多企业中，更多的是热衷于企业的利润、热衷于能够快速挣钱的方法和手段，很少考虑更深层次的东西。我们的管理还停留在具体的方法和措施上，当我们在海外发展中，只考虑输出这些方法和措施时，我们必然会引起价值观和文化等深层次内容的碰撞，这必然妨碍我们的融合与提高效率。因此我们国内的很多企业应该深入思考这个问题，将管理模式上升到价值观和文化层面，也就是把管理上升到软实力的层面，这样的输出我们才有更高的成功率。

提升软实力，实现中国企业的海外发展

改进和提高我们软实力的方向

处理道德困境的途径就是树立正确的价值取向途径。这一途径包括了六个基本的道德准则：诚实、守信、公正、尊重他人、同情心、正直。

——罗伯特·哈斯《道德伦理——全球性的商业挑战》

在我们向海外输出我们的管理模式时，必然会输出我们的文化和价值观。沟通的基础是文化，沟通的过程体现价值观。如果输出我们的软实力，就必须是一种健康向上的，符合现代文明发展的，被其他民族所认可和接受的，带着正义、高尚的文化和价值观，在这种文化和价值观的基础上形成具有高效率的管理模式。

从组织发展规律假设来看，这种文化、价值观和管理模式所构成的企业软实力只能从如何形成员工之间的配合与如何鼓励员工的创新这两个方面发展，并且整体与创新也会在组织发展的第三阶段融合。只有我们在形成企业的整体配合方面有我们自己的独创之处，在鼓励员工的创新方面也有我们的独特之处，并且这种独创之处是建立在符合现代文明发展的、公开透明的、具有引领世界发展的价值观和文化基础上，形成这样的软实力，才能够带领中华民族崛起，并最终被世界人民所接受。

2011 年年初，约瑟夫·奈受邀请到北京大学发表演讲，演讲的内容是关于软实力。约瑟夫·奈在演讲中谈到软实力就是利用吸引力和说服力，而不是靠强迫或给钱来达到目的。他认为在过去的 10 年，中国的经济和军事力量实现了惊人的增长，由此带来邻国的担心并寻求盟友的保护。软实力的关键在于在硬实力的发展过程中增加我们的吸引力，就可以缓解邻国的担忧。中国一直在增加自己的软实力，通过给予发展中国家的援助、举办奥运会、世博会，以及在世界各地开设孔子学院等来增强自己的吸引力。约瑟夫·奈最后的总结耐人寻味：大国通常会利用文化和学说来营建突出自身优势的软实力，但如果这与国内的现实不符，那外界就不会轻易买账。

真正的软实力产生于我们自身的行为中，产生在我们自己的企业管理中，产生在我们对待自己的员工中，这种模式被我们的员工所接受，并成为我们员工相互之间行为的准则和习惯，我们的软实力才能真正建立起来，我们才能够真正的输出我们的软实力。

杰克·韦尔奇说过："在我看来，提高工作效率的唯一途径就是让员工全身心地投入工作，并产生工作的激情。"当我们靠金钱、靠职位等硬手段来激励员工时，我们还应该靠愿景、靠价值观、靠环境和气氛、靠员工之间的平等交流与合作等这些软实力来引导员工。

要改进和提高我们企业的软实力，应该从以下几个方面入手：

1. 树立高尚的企业价值观。企业不只是为了赢利，为了这个世界变得更好，为了企业的员工生活发展得更好，最终也是为了人类能够生活的更好。高尚的价值观也是企业履行社会责任的基础。

2. 改进中国传统文化中只重视个人修炼、不重视团队成员共同提高的传统思想。改变只顾个人提高，不重视相互合作、不讲协作的陋习。倡导和鼓励形成互相帮助、互相学习、互相启发、共同提高的文化，鼓励员工学会协同完成任务，学会发挥整体的力量。

3. 改进中国传统文化中的等级体系。倡导一种平等、尊重、信任、坦诚、分享、透明的员工关系和沟通原则，通过双赢来获得共同的发展。

4. 改进中国管理者"治人"的管理思想和方法。在现代社会中，管理是协调和服务，而不是想方设法的"治人"，如果还想通过"要小聪明"、"愚人"、"愚民"等方式来实施管理，其结果必然是失败。在现代社会中，没有人愿意自己被"治"，即使员工一时被"治"，但等员工明白过来后，反过来的一定是"以其治人之道，还治其人之身"，员工会想出各种方法来反"治"管理者。如果企业管理变成了"治人"与"反治"之间的较量，怎么会有组织整体的配合？怎么会有组织整体的效率和力量？怎么会有员工的发挥潜力和开展创新呢？

5. 发挥中国人勤奋、吃苦耐劳、坚忍不拔的传统文化的优势。像华为的"垫子精神"一样，让外国人敬佩和尊重。

6. 改进中国传统文化中限制员工创新的方面，形成鼓励员工创新的文化。

7. 将中国传统的个人修炼发挥到对管理者自己的严格要求上，用人格的力量、榜样的力量来感化外国的员工。

8. 将中国传统的兵法、计谋用在市场竞争上，体现我们运筹帷幄的能力。

9. 体现中华民族的恢宏气势，既有“海纳百川”的胸怀和气势，又有“壁立千仞”的坚强，发挥中华民族“同化”能力强的特点，重新形成符合现代文明的软实力，坚决抛弃“厚黑学”传统文化中的糟粕，用新的软实力支撑起中国的崛起，体现我们的大国风范。

解决海外发展的文化管理

随着中国企业实力的增强，中国企业也开始了海外的扩张发展。收购兼并国外的企业，成为中国企业海外发展的重要方式之一。企业实施海外收购兼并发展的根本是中国的企业要开始输出自己的管理模式给外国企业，这种管理模式的输出包括雄厚的资本实力、产品实力、技术实力、营销实力等，其中最重要的是输出一种企业管理的模式。我们需要组织当地员工形成团队，在企业的战略管理、营销管理、生产管理、财务管理、人力资源管理和创新管理等方面拿出我们比对方强的运作模式，同时我们还要在文化、价值观方面让对方理解和认可，对方的员工才会真正服气并服从我们的管理。按照约瑟夫·奈的观点，企业的管理模式也是一种软实力。中国传统也讲究“攻心为上”，只有让外国人对我们的管理模式心悦诚服，我们才能实现成功的海外发展。

从组织发展规律假设来看，企业发展的核心在于形成团队配合并通过发挥员工的创新来推进企业的不断发展。而要做好这两个方面的工作，最根本的还是要调动当地员工的积极性和创造性。如何调动当地员工的积极性和创造性，工作的核心就是处理人与人打交道的过程。要处理好这种过程，必须要了解双方文化的差异，通过沟通，形成双方文化的融合。唯有双方相互理解，了解各自的行为习惯和态度，才能找到共同的契合点，形成大家共同努力的方向。在这个过程中，要让当地人理解中国企业的价值观和企业文化，理解中国式管理方法和模式，理解我们管理模式的先进性和有效性，让他们认可或学习我们的模式，并结合本地的文化习惯进行适当的调整，才能让我们海外的企业能够顺畅的运作，并最终产生效益，这才是我们企业海外发展成功的标志。

荷兰马斯特里赫特大学终身名誉教授吉尔特·霍夫斯泰德（Geert Hofstede）针对国家文化差异问题，进行了长时间的研究，在1981年，霍夫斯泰德得出，一个国家的文化可以通过以下五个维度加以描述的结论：个体间在权利和地位上的不平等（权利距离）；对不确定性的接受程度；对个体独立性的认可程度（个人主义/集体主义）；男性化和女性化的差别程度；对长、短期目标的重视程度。

霍夫斯泰德的研究为我们清楚地揭示了不同文化之间的主要差异。中国企业管理的文化是注重等级、权利和地位，侧重于表面集体主义形式下的服从，趋向于男性化和尊重传统、尊重历史，更多的是讲究短期效益的特点。

中国的传统文化与其他国家和地区的民族文化是有差异的，在欧洲，企业员工讲究平等，尊重个体，不过于尊重权利，侧重于个性的表达但又有团队合作的精神，更注重个人的生活质量，注重实际，着眼于未来的发展。

国外曾有媒体报道说：“在招聘和留住外国经理人方面，中国企业面临的挑战来自于缺乏全球化经验。与对公司的忠诚视为天经地义的中国员工不同，外国雇员需要高管层给予更多的关注，才能感受到相似程度的使命感。如果他们的本地主管和同事们不能让他们在尽可能少的监督下完成任务，他们就很难完全融入公司。与本地员工相比，外国雇员还要求公司对诸如职业发展前景、公司治理和管理层的期望等问题有更清楚的说明。”

在非洲企业，当地人并不尊重权利和地位，侧重于个性的自由而不顾全集体，有时甚至更重视短期效益。而在美洲，企业员工可能更讲究个性的发挥，不喜欢等级的约束等。

不同地域和不同民族具有不同的文化特点，当我们在输出我们的管理模式时，当遇到这些不同文化习惯的差异时，必须要对我们的管理模式进行有效调整。坚持我们的核心价值观是必要的，但我们的习惯也要和本地文化相融合，这样才能有效实施我们的管理，最终提高企业的效率，获得海外发展的真正成功。

无论何种民族和地域文化，平等、尊重、合作、协商、沟通是最基本的原则，学会尊重对方，并相互理解，共同协商对策，最终共同获得利益并实现双赢才能使中国企业的海外之路更加快捷和成功。

2010年，在一次人力资源论坛上，中国前入世首席谈判代表龙永图认为，中国企业参与国际竞争要培养国际化的素养，主要包括三个方面，第一怎么对待自己；第二怎么对待别人；第三怎么对待周边的环境。

我们的企业家要正确对待自己，要正确对待别人，特别要尊重热爱比自己弱小的国家，弱小的群体，这是非常重要的。首先要想到自

己的父母和尊敬自己的领导，但是更需要尊重从未相识的人、弱势群体。我个人认为看一个人，对待弱势群体，对待他的态度是判断一个人很重要的价值，我们一直强调大小国一律平等，特别是弱小的国家。

怎样破除中国的传统意识，真正树立双赢的理念，从而在整合资源方面做的更好，不仅仅整合中国的资源，而且能够整合全球的资源，用双赢的理念更好的整合全球的资源，没有建立在双赢体制上的协议，很难达成，即便达成也很难实行。如何使我们的人才具有深厚的文化素养，只有深厚的文化素养才可能在国际交往过程当中得到尊重、信任，从而成为中国企业家的代表，成为中国的代表。

——网易财经

龙永图的讲话应该是发自肺腑的，在中国入世谈判漫长而艰难的过程中，他了解了众多的国家国际化发展的案例，看到了众多国家和企业的国际化进程，他的经验总结是非常值得中国企业学习和领会的。怎样对待自己和别人，其核心就是平等。平等是一切合作的基础，平等是形成组织整体的基础，更是发挥员工创新能力的基础，平等才有组织的整体加创新，平等决定了我们与外国企业合作的长远和发展，也是我们打造软实力的基础。

树立双赢的理念，也许是中国企业海外发展的首要原则，没有双赢，就不可能持续的合作，也不可能打造真正的战略合作伙伴关系。从整合自己的资源发展到整合全球的资源，必然是中国企业海外发展的方向。但如何整合资源，就是要在海外的发展中，在收购和兼并的外国企业形成整体的配合，让组织整合的资源变得越来越大，我们的力量就会越来越强。

企业海外发展最重要的问题是管理问题

> 在组织中，信任发挥着举足轻重的作用。对于组织中的员工来说，除非他们确信他们能够得到公平同等的对待——不存在任人唯亲的现象，任何人都有展示自己才华的机会——他们就不会竭尽全力地工作。
>
> ——杰克·韦尔奇

改革开放30多年，我们的很多管理者对管理的认识还停留在比较粗浅的阶段，我们看到了产品、质量、营销、服务的重要性，也看到了创新的重要性，我们在不断引入西方的管理方法，但总感觉和中国的传统文化不能较好的结合。企业管理决不简单的就是一种管理方法或管理模型，管理也不是一套软件或信息化程序。我们很多企业家对管理的认识还缺乏深入的理解，对西方的管理体系理解不透，对支撑管理体系的民族文化的差异性认识不足。这种现象，不只是在中国，在其他国家企业的海外发展也都遇到过这样的问题。

管理学界提出核心竞争力的加里·哈默在《管理大未来》中就列举了美国汽车企业追赶日本汽车企业，进行了20年的对标分析，美国汽车高管对学习丰田给出了这样的解释：

> 20年前我们派出年轻人去丰田学习，这些年轻人回来之后盛赞丰田，而我们对此嗤之以鼻。我们认为丰田公司只是偶尔实现“零库存”，要想用极少的人生产出缺陷极少的汽车是不可能的。经过5年的观察，我们逐渐认识到丰田的优势是一种“全员文化”，例如“和”文化。丰田公司的每个员工都注入了日本特有的合作和协商精神。美国工人绝不会采用这种“家庭式”的工作方式。但是丰田公司到美国来设厂却并没有受美国文化的影响，并取得了和日本本土一样优秀的业绩。在接下来的又一个5年里，我们研究了丰田的生产系统，包括他们的工厂自动化、与供应商的关系、精益生产系统等。尽管我们不断进行高标定位工作，但在我们自己的工厂内却达不到预期的效果。在最近的5年里我们发现，丰田公司的成功在于其与众不同的管理思想与原则——提升员工的能力、提高领导的责任心。丰田公司坚信，第一线的工人在冷冰冰的制造机器面前并不是无足轻重之辈，相反，如果向他们提供足够的工具和培训，他们能有效地解决问题，也会是创新者、变革家。

这段话充分体现了本国传统的民族文化在形成管理模式的过程中的

重要性。美国文化与日本文化存在很大的差异，在理解对方的管理模式时，其解释是有很大差异的。美国汽车行业向日本汽车行业的对标，其认识和理解也是一步步发展的，前后经历了大约20年时间，美国企业才理解到日本精益管理模式的真谛，是对员工的信任。日本经营之神松下幸之助曾说过："除了心存感激还不够，还必须双手合十，以拜佛般的虔诚之心来领导员工。"日本企业存在等级，但上级的任务和目标是服务员工，是信任员工，为员工创造最好的工作条件。员工是管理的基础，这是管理最核心的内容。当我们在发展海外业务时，我们必须了解当地国家与我们传统文化的差异，认识到这种差异，将是我们海外管理成功的基本保证。

中国的传统文化与现代西方企业管理的理论和实践体系存在着重大而且根本性的差别，这主要表现在：

1. 中国的传统文化侧重于个人的修炼，主要目的是提高自己综合修养和处理事情的能力，这种修练的最终目的就是要使自己比别人在对事物理解的思想深度、解决问题的方法和手段上更加"高、深"一些。这种基于个人修炼和相比于别人提高自己的修炼模式和习惯导致了中国人不习惯于团队作业和团队合作，不习惯与团队中所有的成员一起共同提高，于是很难形成团队的配合，也很难形成团队合作的力量。

2. 中国传统的管理是以"治人"作为管理的目的。在中国的传统文化中，个人修炼的目的最终就是为了"治国、平天下"，其实就是"想办法治别人"。中国传统的管理者总是觉得自己高于其他人，总是在想办法让员工按你的想法去做，甚至还掺杂"愚人"的方法和手段。基于这种认为"自己比别人高"的管理模式，拿到海外去管理国外员工是很难执行的。国外特别是发达国家最根本的原则就是平等，在平等的基础上才有其他的一切。西方管理者工作的核心是让大家自觉的愿意去做，而不是去“治”人，国外员工之间人格是平等的。我们应该记住 IBM 创始人托马斯·沃森的一句名言：“自始自终把人放在第一位，尊重员工是成功的关键。”

3. 我们的传统文化习惯就是以一种不平等的态度来管理下属。中国的传统文化是一个等级社会，在企业中，特别是我们投资的企业或老板，更是一种高高在上的心态，觉得你们就应该听从和服从。这是海外工作的大忌，没有平等和尊重就没有合作。

4. 除了资本实力以外，我们还要在管理模式的其他地方让外国人服气。这种服气不是你有钱就可以做到的，就像我们认为的类似于是一种“暴发户”、“土财主”的表现，别人是不会服气的。当地人可能要看你的产品质量是否过硬？产品技术是否先进？你的工作方式是否有比别人强的地方？你的管理是否比别人更有效率？你是否有让我们学习的地方？你还有哪些东西能够让别人服气？我们海外发展的关键是要有比别人强的东西，这样外国人才会服气。靠压制是不可能实现企业高效率和持久的发展的。

5. 海外发展的核心最终是要发挥当地员工的创造性，也就是要做到本土化。通过本土的员工实现企业的整体和创新。要让当地员工全心全意的工作，并且调动他们的积极性和创造性，让他们对工作有所改进和创新，如果你不能理顺这些外国员工的心态，让他们服气，我们怎么能够调动他们的积极性？没有员工的创新，企业就不可能持续发展。

做好中国企业的管理我们需要做好整体和创新，海外发展收购和兼并国外的企业，我们更需要做好整体和创新。由于不同民族文化的差异、语言沟通的不顺畅，在外国企业中做好整体和创新具有更大的挑战性，因此海外发展的成功最重要的是我们的管理能力，单凭资金和技术，我们的海外战略不可能持续发展。

中国式管理模式有可能产生于海外

中国传统的等级体制和传统文化已经根深蒂固，因此现代管理与中国文化的融合，面临着众多的难题和障碍。我们希望尽快地产生中国式的管理，但由于传统文化的影响，我们认为至少在近十几年内，在中国本土的企业中产生中国式管理还存在着很大的问题，特别是没有与产生现代管理相融合的环境，因此我们认为在本土企业中产生中国式管理的可能性很小。

但中国企业的海外直接投资的步伐并不会停止下来，我们的企业将会挑选有创意的人出国管理海外企业，并与外方的管理者和员工形成文化的融合，最终在海外形成有效的中国式管理模式，当这些派驻海外的精英回国后，可以把在海外形成的管理模式应用到国内企业，这将有可能产生中国式的管理。因为海外的环境和文化有平等的气氛，聪明的中国管理者将可能会在海外实践中产生中国式管理的模式，并最终引导回中国。原因主要有：

1. 海外的环境和文化有诸如平等、尊重、互助等团队合作的气氛，这种气氛可以和中国传统文化中好的内容相结合，最终可以形成中国式管理。

2. 在海外实施和应用西方现代管理的一些方法不会像国内一样变形或走样，有助于我们的管理者学习和领会原汁原味的西方现代管理精神，如果将一些好的中国传统元素和西方现代管理相结合，就有可能产生中国式管理。

3. 企业的发展最终需要来自全体员工的创新，而全体员工创新的气氛可能只有在海外企业员工平等、尊重等宽松的气氛中才能形成。国内企业员工压力重重，价值观导向单一，社会环境和规范不利于社会成员的创新，很难产生有利于创新的环境。没有创新将不会有领先企业的发展，也就很难产生优秀的中国式管理。

华为在欧洲起诉中兴，就是一个利用国外环境来改善企业行为的最好例证。中国国内的知识产权环境不好，华为只能到欧洲去打官司，利用欧洲知识产权的环境来改变自己企业的行为和其他中国企业的行为，利用国外的环境来改变中国国内的环境，这就相当于把国外的管理模式输回到国内，知识产权管理只是管理模式的一个方面，其他方面也许都会这样，利用国外的环境形成中国式管理模式，然后再输入回来，所以，我们认为中国式管理有可能产生于国外。

在国内很多人对管理基本规律的不理解，导致了中国企业普遍效率较低，社会环境也不鼓励创新，企业员工创新能力的低下又使我们缺乏技术升级的能力，加之我们对知识产权保护的落后，使我们的企业难以产生高附加值的优势。我们只能利用劳动力成本的优势，利用模仿别人的产品，收取最基本的加工费用。正是由于我们缺乏对管理基本规律的理解，不能形成企业内部的合力，不能发挥团队合作的力量，不能发挥员工创新的能力，因此我们的效率和产品技术只能在低水平徘徊，我们从“大”变“强”的结构调整困难重重。

如果我们对组织发展规律假设能够正确的理解和掌握，就可以提高企业的管理水平，而遵循规律的实践，将帮助我们产生自己的精益生产方式来降低成本、提高效率，我们将发挥中国员工的聪明才智，创造出具有自己知识产权的产品，最终将形成中国特色的管理模式，这样我们才能向世界输出更美好的东西，发挥大国的领袖作用。

案例分析：中国企业的国际化道路应有中国特色

施振荣是台湾宏基电脑的创始人，在28年的时间中，他创造了台湾宏基电脑的自有品牌，将宏基电脑发展成为全球第五大PC生产商，使台湾占据了全球个人电脑业的重要地位。他作为全球IT界任职时间最长的掌门人，创造了一套完全不同于欧美、日本的经营模式和文化理念，这使得他被尊为台湾“IT教父”，被美国《商业周刊》评选为“全球25位最杰出的企业管理者”之一。

在一次访谈中，当谈到企业管理的模式和方法时，施振荣说：“理论上讲，可以借用他的（指发达国家管理模式）能力，但不能借用他的老模式。”“如果学习IBM、索尼、三星，失败是一定的，因为总是跟在人家后面，而人家比你更熟练，规模更大，怎么能赢?”

在施振荣的领导下，台湾宏基成功的发展壮大，并且成为国际化品牌，这是实践产生的经验，值得中国的企业家学习。在案例中，施振荣表达了很多重要的观点，值得我们关注。

“可以借用能力，而不能借用模式。”——指出我们可以学习对方的先进经验、管理方式和管理办法，但不能直接使用对方的模式，因为对方的模式是对方开发出来的，比你还熟练和了解，用对方的模式很难打败对方。其实更为重要的是，模式背后是文化的支撑，而文化是无法模仿的，因此我们学习别人的模式，只能学到皮毛，做到形似，而无法理解到精髓，做到神似。没有自己文化基础的模式是不可能长久的。

“要有自己更独特、优秀的东西，才有打胜的机会。”——要形成自己独特的东西，才有可能用来改造别人，并且这个东西应该是优秀的、具有更高效率的东西，才会吸引别人来学习和模仿。而产生独特、优秀的东西依靠的就是创新，只有通过我们的创新才能产生自己的管理模式，才能够输出我们的管理和文化，让对方感到心服口服。

“对大陆企业而言，管理的国际化没有20年时间无法成功。”——形成具有自己特色的管理模式，需要一个长时间的探索和实践，需要艰苦的努力，因为模式和文化是靠时间一点一点积累起来的，是在实践中锻炼出来的，是需要我们付出成本的，因此需要一个较长的时间。这和我们组织发展规律假设是一致的，组织发展需要从有意识的配合——到无意识的配合——再到有意识的创新配合过程，这个过程需要一个较长的时间，在这种组织配合的形成过程中，组织逐步发展成为一种整体，形成了自己的管理模式和文化，提高了自己的效率，最终才有可能形成独特的，有优势的模式。

要与外国管理者和外国员工“形成一个利益共同体。”——利益共同体就是一种整体。它是以利益为基础的，利益也许是形成共同体的最重要的因素，在商业社会中，很多人就是以利益为纽带而联系起来的，但是单纯的以利益为纽带也有它的弊端。通过我们的研究，组织的整体是由多个方面来支持和形成的，利益只是其中的一个方面，只有当组织的大多数方面都做得比较好时，组织才能形成真正的共同体。施振荣提出的利益共同体的经验与我们组织建设要求形成整体的规律是一致的。

施振荣的经验总结，充分体现了整体和创新的组织发展规律。企业的国际化更需要我们与国外的管理者和员工形成默契配合的整体，更需要调动外国员工的创新能力。我们收购和兼并的外国企业如果能够做到整体和创新，才说明我们的收购和兼并真正成功，要做到这两个方面，中国企业还有很长的路要走。

第十章

团体运动与军队管理

从中国企业向海外发展所遇到的困难，可以看出我们软实力的不足。真正的软实力产生于我们自身的行为，产生于我们自己的企业管理，这种模式能被我们的员工接受，能够成为我们员工相互之间的行为准则和习惯。

足球运动的配合规律

> 最好的 CEO 是构建他们的团队来达成梦想，即便是迈克尔·乔丹也需要队友一起来打比赛。
>
> ——通用电话电子公司董事长查尔斯·李

中国足球为什么上不去

对于中国足球落后的原因，可能有 1000 人就有 1000 种解释。我们有指责足协的、有指责体制的、有指责教练员的、还有指责球员的，反正输球了哪里都不对，说什么都有理由。中国足球的水平总上不去究竟是什么原因？也许很多的人都会说这个题目太大了，谁也说不清，也许这就是中国足球的现状。

我们似乎什么方法都用过了，土教练、洋教练；体能测试、高原训练；送出去、请进来；职业化、超级联赛；球员留洋，飞回来比赛等等，好像只要外国有的方法都用过了，就是水平没有提高，中国足球还是没有起色。中国足球似乎是得了一种绝症，像一个晚期的癌症病人，西医不行看中医，中医不行再看西医，治来治去，从亚洲前三名跌到亚洲十名之外。亚洲杯小组赛都无法出线，实在是可悲可叹！

一个体育的项目，一个群众性的体育活动，难道就这么难吗？我们先不比较中国足球与欧洲和美洲足球发展的水平，我们只在亚洲范围内比较。在亚洲，中国队的体能绝不是最差的，我们球员的身高、体重、身体素质都不比亚洲第一的日本队差；在亚洲中国队员的个人技术也不是最差的，我们的很多球员都能够在欧洲、在澳大利亚踢球，技术、体能都不差！那么我们的足球水平究竟差在什么地方？

简单的排除后，我们可以很清楚地看到，中国足球就是差在团队的配合上。中国人不善于合作，不知道怎样做好团队配合，不知道如何把个体的力量集中起来形成整体。我们不知道如何构建一个高效率的整体？这就是中国足球上不去的根本原因。我们球员的配合总是不熟练、不流畅、不默契，整个球队是一盘散沙，球员是一些散乱的个体，这样的球队即使人数再多也打不过有组织、能互相配合的团队。

默契的配合是足球运动（也是所有团队运动）的魅力所在。熟练的配合决不是靠战前动员，鼓舞士气就可以达到的，光有拼命的勇气，光有想做好配合的思想是不够的。球员只会拼命的奔跑，拼命抢球，拼命的回防，造成的就是体力透支。这是不合理的技术动作，是对配合不到位、不默契的一种补偿，是无法持久坚持的。即使我们球员有想做好配合的思想，但没有形成默契，比赛中就有可能因为该抢的球互相谦让，而失去了机会；该一个人抢的球，两个人都去抢，结果又失去了机会。这种场面在中国足球中看的太多了，平时的配合不到位，场上有想配合好的行动是不可能的。

2010年的世界杯期间，《北京晚报》连载了一本《足球经济学》的书，是英国作家库珀·西曼斯基写的，讨论的是为什么英格兰总是输球？在书中他提出了一个核心的命题，就是欧洲人找到了足球运动的规律：他们把球传起来，每个球员都不让球在自己脚下多停留，而是传起来，这虽然没有个人带球突破好看，但是却实用有效，最根本的是发挥出了每个球员的作用，让大家配合起来，用一种整体的力量来获得胜利。作者认为欧洲人找到足球运动的规律是因为欧洲人喜欢配合和合作的历史传统决定的，从现代足球发展趋势看，巴西、阿根廷等美洲足球也在学习欧洲的足球模式。作者的确分析出了足球运动规律的重要部分。

足球运动还有一部分规律，就是要发挥球员的创新作用，要依靠球星的创新作用，球队才能走得更远。只有整体和创新两个方面的结合，才是真正的足球运动规律。整体加创新是世界上所有组织发展的规律，一个社会、一个国家、一支军队、一个企业、一支球队都要符合这个规律，才能发展壮大，才能在各种层级的竞争中取得好的成绩。

通过组织发展规律假设来分析，中国足球上不去的原因并不复杂。只不过大多数的中国人对怎样做好团队配合都有一种根本上的缺失，都没有认识到团队配合的重要性，也不知道怎样进行团队配合，所以中国足球总是上不去。

熟练的配合是团体运动的基本规律，而配合需要合作。日本足球队为什么能够在身体条件不突出的情况下成为亚洲第一，正是因为日本人对团队合作的深刻认识，这也体现在日本的企业管理中。韩国人对合作和配合的理解也是非常不错的，所以韩国足球队始终是亚洲的强队，韩国企业管理的发展也是充分发挥了整体的作用。

中国人对足球运动的规律不了解，这是因为中国的传统文化在作怪。中国传统文化在团结、合作、配合上存在较大的缺陷，大部分的中国人对此都不理解，也认识不到问题的严重性。提一个简单的问题大家就可以理解：想想我们的父母是怎样教育我们和别人合作和配合的？我们是怎样教育自己的孩子去和别人合作和配合的？想想这些问题，就知道我们的问题所在了，没有配合就没有组织的成长壮大，没有合作组织就无法做大做强。

很多中国人对团队合作的理解就是认为要牺牲自己的利益去为团队做贡献，这其实是对配合和合作的错误理解。很多人的内心是不愿意牺牲自己利益而为团队贡献的，所以中国人的团结就只停留在口头上而无法付诸具体行动，即使付诸行动也往往是一些表面上的文章。

中国人从来不认为团队合作是成功的必要条件。在我们的传统文化中，我们觉得做好自己的事情就行，每个人都做好自己的事情，世界就好了。当然，孔孟之道是讲究整体的，但是他们的整体只是通过不同的等级构成的整体，这样的整体是无法发挥出其成员的最大积极性的，所以是一种表面上的、效率不高的整体组织。

整体和创新是组织发展规律的基本要求，不明白这个规律，我们的组织就无法发展，我们也就很难进步。足球运动只是我们生活中的一个小小的娱乐项目，一支足球队也是一个最小的组织，但是它可以折射其他更大的组织。小组织我们都搞不好，大组织的管理我们一定存在更大的问题，当我们面临增长方式的转变、面临结构的调整时，我们的工作符合组织发展规律假设吗？违背这些规律，即使花更多的钱也无法实现组织的发展。

团体运动的配合规律符合组织发展规律假设

体育运动是战争的缩影，也是一个国家综合实力的标志。在公平竞争的前提下，对比各国运动员的个人和团体实力、体育运动的广泛性和普及性的群众基础，反映出国家的综合实力和经济社会发展程度。

体育运动有很多种类，近几届的奥运会都设有200多个比赛项目。体育运动中的团体运动项目往往更能反映出一个国家整体运动的水平。因为团体运动是一种需要多人参与、配合协调的运动，它需要一种集体的合作精神才能完成，团体运动往往体现了这个国家的群体运动的水平。团体运动是依靠团体的力量而不是靠某一个天才和机遇来获取胜利的。

1999年5月，时任国家体育总局副局长袁伟民在一次与媒体的访谈中，就谈到了体育竞赛与企业竞争的一些相似之处。他说："球队和企业都要树立团队精神，有的说是1+1>2，我是搞排球的，所以我主张6>6。我想，排球场上看着是6个人对6个人，其实到底是几对几还不好说，很可能是不等式。团队搞好了，6个人加起来可能等于6；搞不好，加起来只有5，甚至只有4或3。但是要拿冠军，6个人就不能只等于6，而必须要做到6>6。"

也许这就是团体运动的关键所在！只有团队良好的配合才有6>6的结果，只有队员之间的协作，发挥出球队整体的力量，才能达到6>6的结果，这就是整体的力量。

团体运动的运动队就是一种较小的组织，更贴切的说应该称之为是一个团队。曾任通用电气公司总裁杰克·韦尔奇也经常用棒球队来比喻企业的团队，他也是从运动中吸取了组织管理的经验。团体运动组织的发展规律和组织发展规律假设是一致的。

团体运动与个人运动项目的最大不同，就是团体运动需要队员之间的相互配合，共同协作才能取得好的运动成绩，个人运动技能的高低一般不能决定全队的成绩。通过对团体运动特点的分析，我们认识到：团体运动需要在团队整体配合和协作的基础上，发挥个人的能力和优势，抓住机会和机遇，以整体攻防来实现赛前制定的战略和战术，才能取得最终的胜利。在这些要求中，形成整体的配合，充分发挥整体的作用是团队运动取得胜利的基础。

一个整体配合的团队是怎样形成的？它要经历一些怎样的过程？怎样才能实现最好的团队配合？以一支足球队的训练为例，球队整体配合能力的形成需要经过以下三个阶段：

组队阶段

在这个阶段，球员之间相互熟悉和了解，教练员布置技术和战术的配合方法，队员们按照教练设计的配合方案去熟悉和训练。在这个阶段球员各自的特长还没有相互了解，对教练布置的方案也还在熟悉、了解和适应中；球员相互之间的配合还相当生疏；配合过程中失误较多，配合的速度很慢。球队这时的主要任务是球员之间的相互熟悉了解，对教练布置的进攻和防守套路进行演练。这是球员之间、球员与战术训练方案之间的一种有意识的配合训练阶段。在这个阶段运动员都在有意识地、主动地去寻求配合，有意识地去互相了解各自的技术特长，有意识地去理解教练设计的方案，有意识地去实现一种整体的配合。这个阶段我们称之为有意识的配合阶段，突出的特点就是大家都在有意识地、主动地去寻求配合。

熟练配合阶段

在经过一段时间的配合、训练、磨合之后，球员之间对各自的技术特点和特长已经相互熟悉；教练布置的技术和战术配合方案已经演练成熟；球员之间的习惯位置和跑动的速度都已经了解清楚。此时的球队，已经形成了一种固定模式的配合，球员之间配合流畅，配合的速度加快，配合的失误减少。这时球员之间已经习惯了固定的配合模式，相互之间的配合已经进入到一种下意识的配合状态，或者说是一种无意识的配合状况。球员之间的传接球配合有时都不用思考，因为长期的训练练就了一种配合的习惯，已经类似于形成了一种条件反射。这个阶段球员之间的配合速度很快，球员之间的配合熟练到不用思考就可以直接传接球配合，这时对方队员很难防守，因为他们的防守反应还需要时间。此时球队因为配合的熟练已经成为一个整体，球队整体的力量开始真正的表现出来，这时我们称球队达到了一种无意识的配合阶段。只有达到这种无意识的配合阶段，团队整体配合的优势才开始表现出来。

熟练配合基础上的创新阶段

在这个阶段，球员之间在固定的快速流畅的配合基础上，可以根据球场上的具体情况进行创新的配合。球员可以打破固定的配合模式或者在固定配合模式的基础上发挥自己的潜能，更好地完成进攻和防守的任务。此时球员之间会有一种心领神会的感觉，在平时训练的固定常规配合的基础上，随时寻找对方的漏洞，根据场上出现的机会和机遇，作出适应场上形势的改变或创新的配合，这样的球队才能创造出更好的成绩，令对手防不胜防。这就是运动队配合的最佳状态，或者说达到了运动队配合的最高境界。此时队员之间的配合又进入到一种有意识的配合阶段，但相比第一阶段的有意识配合是一种升华。这是一种熟练配合基础上的有意识的创新配合，它在熟练配合的基础上加入了创新的变化，既保留了原有的默契、快速配合的特点又增加了创新的变化，使对手无法防范。默契配合基础上的创新有赖于球员之间长期的熟练配合，这是一种心照不宣、心领神会的配合，它不拘于固有的配合模式，可以随时创新、随时变化，令对手防不胜防。在这个阶段，球员的个人能力可以得到充分的发挥，他的创新有可能为球队的整体带来惊喜。这时我们认为球队达到了有意识的创新配合阶段。

根据球队形成整体配合的三个阶段的分析，我们可以看出，球队形成配合的三个阶段与组织发展规律假设三所提出的发展阶段是一致的。一支球队要想达到最高的整体配合状态，必须经过从有意识的主动配合阶段到无意识的默契配合阶段，最后再次进入有意识的创新配合阶段，也就是发挥好整体和创新的两方面作用。这三个阶段是一支优秀球队发展的必经之路。

第一阶段的球队只是一支松散的球队。主要依靠球员的个人能力和小范围的机械的配合，还不能形成整支球队整体配合的力量。球员之间完成配合的成功率不高，相互配合不流畅，相互支持不到位，配合失误较多，这样的球队很难取得好的成绩。

第二阶段的球队是一支训练有素的球队。球员的个人能力能够融入到球队的整体之中，球队注重的是球员相互之间的协调和支持，注重的是整体的配合，体现出球队整体的力量；在进攻和防守中明确表现出球队经过演练的，有熟悉的套路；球员之间配合熟练，配合的成功率高，配合失误较少，球队以一个整体来完成比赛。这样的球队才体现出团体运动的魅力所在，才称得上是一支真正的团体运动的球队。

第三阶段是一支优秀的球队，他们必然会取得好成绩。因为他们会在熟练配合的基础上创新，真正做到整体加创新，这将会令对手防不胜防。固定的配合套路最终会被对手掌握并有所防范，因此优秀的球队是不会固守陈规，他们会创新和发展固定的配合，他们可以在场上寻找和把握更多的机会，会寻找出对手更多的破绽，他们获得胜利的机会更多一些。他们能将个人的潜力在整体配合的基础上充分发挥出来，能寻找到发挥个人能力与保持球队的整体配合的结合点。他们个人的表现可以随时得到整体的支持，个人所创造的机会又给球队带来取胜的希望。这样的球队正是我们梦寐以求的。

球队每提升一个阶段，表现出了球队整体效率的提高。球员之间的配合更加流畅了，攻防转换的速度加快了，配合的成功率高了，既节省了球员的体力，也减少了失误带来的无谓的消耗，这就使球队取胜的概率提高了。球队发展的每一阶段都在不断的提高整体的效率。

这是团体运动配合的发展规律，在每个配合发展阶段都有不同的含义、不同的重点、不同的作用，也都需要用不同的方法来对待。每上升一个阶段，球队的配合能力就提高了一个层次。达到第三阶段是很不容易的，它不只是单靠苦练就可以达到的，它受制于很多因素和条件。如球员的个人天赋、创新能力、把握机会的能力、球员的平均水平等。

组织发展规律假设得出的足球结论

组织发展规律假设和团体运动规律是一致的，可以引导我们对中国足球得出一些基本的结论：

1. 请外教不可能搞好中国足球。外国人根本不了解中国人的传统文化，在国外路人皆知的配合和合作的行为习惯，中国人从来不理解，更不会这样去做。所以外教根本就无法把他对足球理解的规律灌输给中国球员，外教带来更多的是一些训练技巧和方法，而这些方法如果不从根本原理上来理解，我们能够学到的可能只是方法的形，而不是方法的神。至于观察对手的弱点，有针对性的派上一些外援，通过钻些空子来获得一两场的胜利，这种小聪明是不能给球队根本性改变的。

2. 中国的本土教练因为本身就是中国传统文化的受害者，所以根本无法理解现代足球的基本规律，他们也很难带出真正的符合现代足球运动发展规律的球队。中国的大部分球员也是这样，大家都很难从真正意义上理解足球运动的规律。

3. 究竟足球运动的规律是什么？就是整体加创新，是在形成团队配合的基础上发挥球员的创造性。中国人不懂相互的配合，也不知道怎样才能做好这种配合，虽然我们希望建立一个和谐社会，但是怎样让大家和谐的配合、协作，形成组织的整体力量，这是一种集体的缺失。

4. 要解决中国足球的问题，只能依靠中国人自己。我们的教练和球员都要能够认识我们存在的问题，认识到我们传统文化中限制配合，只讲个人修炼的缺陷。正确理解组织发展规律，理解整体加创新的阶段后再去改进，我们才能真正的理解需要团队配合的运动规律。

5. 中国足球就是中国社会很多方面的一个缩影，中国人不懂配合的陋习在中国社会的各个方面都有体现，足球运动上的体现只是冰山一角。如果要形成具有中国特色的管理，我们必须深刻理解组织发展规律假设，突破这个关口，我们才能从真正意义上搞好足球运动。

6. 组织发展规律可以为我们突破这个关口提供理论支持和实践上的帮助，只要我们遵守组织发展的规律，不断在整体和创新两个方面探索和实践，我们就一定能有所突破。

军人在企业成功的原因

由于战争始终伴随着人类的发展，因此人类对军队组织和战争规律的研究从来就没有停止过。军队是一种特殊的组织，它所要完成的任务是非常明确的。在中国古代，特别是在战国时代，由于各路诸侯占据一方，各自独立成为国家，国与国之间互相争夺资源，因此战争的次数和频率也较多。每个诸侯国家都希望自己能够得到生存和发展，希望在与其他诸侯国的竞争中能够具有优势，为此各国的国君都不遗余力地招贤纳士，以一种开放的、谦虚的态度来对待各种有才能的人。同时各国也广泛吸收和试验各种治理国家、发展生产力、壮大国力、训练军队、赢得战争的各种方法和手段。这个时期，由于诸侯国较多，国家的大小、强弱又相差不大，对各类人才的需求量较大。各类人才又经常可以在各诸侯国之间流动，只要你有真才实学，在这个国家得不到认可，马上可以换个国家。

这个时期，强国希望扩大自己的疆土、壮大自己的国力，弱国希望能够抵御强国的侵略，保持自己的生存和延续，各国之间的战争和联合经常变化。各种治理国家、建立军队的创新思潮纷纷涌现，呈现出一种百花齐放，百家争鸣的状态，经常是各种学派、各种思潮都有生存的土壤，都有进行试验的场所。

这个时期，产生了很多的军事思想，我们所熟知的《太公兵法》《孙子兵法》《孙膑兵法》等都是这个时代产生的。由于都是在总结战争的规律，并且所处的时代也相近，因此他们的著作相互之间还有一定的联系。在秦始皇统一中国后，中国成为一个中央集权的大型国家，其战争主要是与周边的一些游牧民族，为了防止骚扰而进行的，或者是对内镇压一些少数民族的叛乱。这些战争都是一些小规模的战斗，不是一种对等的国家之间的战争，因此中国在秦朝以后军事思想的发展变得相对缓慢，甚至停滞不前。

先秦时期产生的军事思想一般是在实际的战争中发展起来的，都经过了战争的实战检验，因此能够流传下来的一定是得到大家的认可，经过多次实践证明是正确的战争规律，这些理论具有较强的指导意义。

战争的基础就是对军队组织的应用，军队组织的发展直接关系到战争的胜败。先秦时期的国家都比较小，由于当时生产力非常落后，在一次战争中所动员的就是一个国家的全部实力和军队，有时一场战争的得失就关系到一个国家的存亡，因此各国对战争的重视程度是非常高的。由此发展形成的战争规律和军队组织的规律，大部分是经过实践检验的，是通过血的教训总结得出的规律。

中国古代也存在很多治理国家的学派和理论体系。但在历史的长河中真正有机会实际应用这些理论来治理国家的毕竟是少之又少，治理国家的政治家和作为他们谋士的学者还是有本质的区别的。很多治国理论和学派大部分都是一种想法和思考，是一种理想主义的状态，很难有全面实践的机会和经验。据现代的研究分析，《吕氏春秋》可能就是吕不韦为秦始皇准备的治国大纲，但秦始皇并没有完全按他的想法来执行。因为统治者一旦完全掌握权力，他会按照他的思路来治理国家，学者、谋士的意见只能作为参考。

战争却不是这样，一般来说，国君不直接参加战争，他一般会授权给将领，由将领来统一指挥军队，所以有“将在外君命有所不受”的事实，战争的规律都是通过实践总结出来的，是真正的规律，而不只是书本上的理论，所以对我们有更多的借鉴意义。

从另一个意义上来说，治理一个国家是一个更大的系统工程，战争和军队的组织只是其中的一个子系统，系统越小越容易总结出规律，其规律也越容易接近实际。因此中国古代流传下来的军事著作，对于我们更有指导的意义。

古代兵法体现组织发展规律假设

在《孙子兵法》中，有多处提到军队组织的发展和管理问题。

在《孙子兵法·计》中："故校之以计而索其情，曰：主孰有道？将孰有能？天地孰得？法令孰行？兵众孰强？士卒孰练？赏罚孰明？吾以此知胜负矣。"孙子通过比较敌对双方七个方面的情况，来判断战争的胜负。在这七个方面中有四个方面，即"法令孰行？兵众孰强？士卒孰练？赏罚孰明？"都属于军队组织内部的训练和管理，训练有素的士兵和队伍是战胜敌人的基础，而训练有素表现在法令能够贯彻执行，军队有强有力的士兵和装备，士兵经过良好的训练，队伍赏罚分明。这些方面体现的是一支军队的整体作战能力，表现出的是一种士兵整体的状态。

在《孙子兵法·谋攻》中："故知胜有五……上下同欲者胜……"在这里孙子认为"上下齐心协力的，会取得胜利"。反映了孙子对军队整体思想的一致性和上下行动统一的重要性的认识，强调的是军队必须上下一心，有共同的目标才能形成队伍的整体，他认为这是取得胜利的基本保障之一。

在《孙子兵法·势》中："故善战人之势，如转圆石于千仞之山者，势也。”意思是指“高明的将帅指挥军队打仗时所造成的有利态势，就好像把圆石从几千尺的高山上往下滚，不可阻挡；这就是军事上所谓的‘势’”。在这里孙子论述了军队的指挥者如何调动队伍的气势，以军队整体的气势压倒敌军。这种气势决不是一个人或几个人所能够形成的，它只能是军队组织的整体才能表现出来的，体现了孙子对如何调动和利用军队整体的力量、形成整体气势的重要性认识。

在《孙子兵法·军事》中：“……人既专一，则勇者不得独进，怯者不得独退，此用众之法也。”即军队的行动既然统一了，那么勇敢的将士就不得单独前进，怯懦的也不得单独后退，这就是指挥人数众多的军队的方法。在这里孙子虽然描述的是对军队统一指挥的方法，但是其中包含着对军队组织运作整体性的要求。对此孙子作了清楚的论述：就是军队的行动要统一，无论是勇敢者还是怯弱者都应该按照指挥，统一的进退，不能单独行动。表现了孙子对军队整体配合的高度一致性的要求。

在“九地篇”中，孙子还谈道：“故善用兵者，譬如率然……击其首则尾至，击其尾则首至，击其中则首尾俱至。敢问：‘兵可使如率然乎？’曰：‘可。’”率然是山西恒山的一种蛇，它在遭受攻击时，有整体配合默契的反应和应对措施。孙子认为军队的使用和反应就应该像蛇一样，是一种整体配合默契、协调反应、行动一致、共同应敌的反应。体现的还是孙子对军队整体反应和协调的要求。

接下来孙子还进一步论述道：“夫吴人与越人相恶也，当其同舟而济，遇风，其相救也如左右手。是故方马埋轮，未足持也；齐勇若一，政之道也；刚柔皆得，地之理也。故善用兵者，携手若使一人，不得已也。”这是孙子对军队整体配合的一种深刻认识，孙子以蛇遭到攻击时的反应、“相救如左右手”的例子来推导出“携手若使一人”军队整体配合的状态，就是使整个军队做到像一个人的反应那样，做到像一个人的左手和右手的配合那样，做到迅速、准确、统一。这是一种下意识的、人的本能的反应。孙子用一个人的反应来做比喻，反应了他对军队整体配合、统一行动、协调一致的一种愿望，这种整体的配合反应达到了组织配合的最高境界。

孙子在《孙子兵法·九地》篇中还谈道：“……施无法之赏，悬无政之令，犯三军之众，若使一人。”在这里又一次提到“犯三军之众，若使一人”，表现了他对于军队整体配合的深刻认识，就是要达到调动整个的军队像调动一个人那样的容易和方便。

从分析《孙子兵法》中关于军队整体配合的论述，我们看出，要取得战争的胜利，要综合考虑很多方面的问题，使用很多的策略，但最基本的是要有一支训练有素的军队。训练有素就是表现在军队的整体配合和协调反应上，军队的整体配合是战争取得胜利的基础。战争中各种战略和战术都是在军队整体配合协调的基础上应用的，各种策略都需要军队作为一个整体去执行。能够完成任务的军队，决不是只听从命令、服从命令就可以完成任务的，真正能够完成任务的军队，还要具备整体一致的协调能力，各部分能够随时反应，相互帮助和支持，这才是一种真正的整体，是一种“活”的整体。达到这样整体配合程度的军队，才可以攻无不克、战无不胜。这是孙子对军队整体的要求。

我们研究策略、研究计谋、研究虚实、研究士气、研究地形、研究奇正，研究不计其数的战争案例，其目的是为了将经过训练后形成整体的军队，根据战场千变万化的形势进行有创造性的应用，这就是创新的作用。组织发展规律假设告诉我们整体是基础，在基础上发挥创新，组织才能发展。军队组织也是一样，必须在整体的基础上灵活应用军队才能取得胜利。我们不能忘记的是，战争最根本的是需要一支训练有素的军队，训练有素就是为了能够形成队伍整体的力量。我们不能本末倒置，用研究战术的“巧”来代替训练军队的“拙”。

中国古代西周时期的《太公兵法》中，姜子牙对于训练军队，形成整体的配合也有相关的论述：

在《上略》中姜子牙谈道：“……士众欲一……士众一，则军心洁……”是取胜的条件之一。即“士兵的想法需要一致。士兵的想法一致，那么军队的思想就稳定”。这里姜子牙重点强调的就是要使军队中士兵的思想统一，目标一致，这样才能行动统一，军队的思想才能稳定，才能形成队伍的整体配合，军队的整体配合是战争取得胜利的基础。

在《六韬》的《文韬》兵道篇中，姜子牙论述道：“凡兵之道莫过于一，一者能独往独来。黄帝曰：‘一者阶于道，几于神’。用之在于机，显之在于势，成之在于君……”这段话的意思是：用兵的方法没有比“统一”更重要的了，“统一”就是指军队配合和行动的统一，统一行动的军队可以像一个人一样独来独往。黄帝曾说过：能够统一行动的军队已经达到了“道”（高级）的阶段，甚至可以达到出神入化的阶段。”

在这里姜子牙充分强调了军队配合的统一性，要做到整个军队的配合像一个人一样统一行动，能够独来独往，体现统一军队的行动迅速。姜子牙还引用了年代更为久远的军事家黄帝的经验：能够统一行动的军队可以达到“道”甚至于“神”的阶段，从这些军事家的经验中，我们可以清楚地看到他们对军队统一或整体的要求，能够统一一致的军队才是真正的整体，才是有战斗力的军队。在这里我们看到了与《孙子兵法》中“若使一人”的相同思想。

这种思想就是要强调军队的整体性，要形成整体的配合，要一切行动听指挥，要像一个人一样的统一行动。这样的军队才是取得胜利的基础。

战国时期的《孙膑兵法》中，孙膑也多处论述了军队的训练和形成整体配合的重要性。

在《孙膑兵法·势备》篇中，孙膑谈道：“凡兵之道四：曰阵，曰势，曰变，曰权。察此四者，所以破强敌，取猛将也。”意思是，用兵打仗时，有四条规则：一是阵，二是势，三是变，四是权，掌握了这四条规则，就能打败强敌，俘虏敌方猛将。

“阵”是指平时军队训练中所练习的阵法和阵势，也就是士兵之间相互配合的方式。古代军队中的士兵就是通过阵势和阵法来相互联系，相互支持和配合，从而形成一个军队的整体。阵法必须通过反复的演练才能熟悉，这就是一种强化的过程。军队的阵法必须演练成一种下意识的条件反射的配合，才能在战争中熟练的应用。在战争中要针对不同的情况使用不同的阵法，这就要求军队对每一种阵法都要演练纯熟，应敌时才能随机应变，取得胜利。

“势”是指形成军队的气势，这是一种整体的气势。在应敌时要巧妙调动军队的气势，使之能够压倒敌军。

“变”就是指在战争中要灵活的根据敌我双方的情况变化而变化，不能循规蹈矩，一成不变。

“权”是指在战争中要灵活的授权，战场形势瞬息万变，很多情况需要队伍在现场进行随机应变的处理，过于僵化的控制权利，不利于队伍的作战。

这四条规则非常重要，其中“阵”是基础，其余的原则都要在它的基础上应用，“阵”包括军队平时训练的水平，配合演练的程度。也就是做到“一”的程度如何。而“势”、“变”、“权”表示军队要在整体的基础上灵活变化，这就是需要创新的具体应用。军队为了获得胜利，它要在整体配合下，要借势和造势，要随机应变，还需要根据当时的情况进行决策，这一切都表示它需要创新，通过创新来获得胜利。

在古代的《司马法兵法》中，也有这样的论述：“凡战：三军一人，胜。”就是说：“在战争中，如果能够做到三军的协调配合就像一个人一样，这样的军队就能够取得胜利。”在这里我们又看到了如孙子所说的：“携手若使一人”的论述，还有姜子牙的“凡兵之道莫过于一”的论述，其实，这些古代军事家在反复告诉我们，军队的整体配合是取得胜利的最根本条件。

通过以上对古代兵法的分析和总结，我们更加深刻的理解了战争成败的基础，这种基础就是组织发展规律假设告诉我们的整体＋创新。整体就是要有训练有素的军队，而训练有素的军队所表现出来的是一种整体作战的能力。对于军队的组织，整体配合是各种谋略应用的基础，也是战争取得胜利的基础。这种整体的配合不是一种松散的组合，而是士兵经过严格的训练之后，所形成的一种熟练和默契的配合，形成了整体的力量。在此基础上对队伍进行创新的应用，做到反应速度更快，反应更为一致，攻击的效果更为集中，才能取得战斗的胜利。

军队组织发展规律的总结

通过分析古代著名的兵法，我们清楚地认识到拥有一支整体加创新的军队是战争取得胜利的基础。这与组织发展规律假设是一致的。

《孙子兵法·势》中谈道："凡战者，以正合，以奇胜。"意思是：大凡作战，一般都是以正兵当敌，以奇兵取胜。

《孙膑兵法·奇正》中谈道："形以应形，正也；无形而制形，奇也。奇正无穷，分也。"意思是：用有形的东西去制服有形的东西是正常的，用无形的东西去制服有形的东西是特殊的。奇、正的变化无穷无尽，关键在于怎样部署和使用兵力。

在古代兵法中奇、正是相互对立的两种状态，他们之间互相依存，也互相转化，甚至是循环变化，无穷无尽。我们认为这体现的是一种创新思想，"奇"就是一种不循常规，出其不意的战术应用，"奇"的应用就是一种创新。而"正"我们认为是一种基础和整体的作用，也就是军队通过平时的训练形成整体配合的力量。在训练有素的整体力量的基础上，军队的将领才有可能去灵活应用军队，使用"奇"，以获取胜利。这就是孙子所说的"以正合，以奇胜"的真正含义。因为正、奇相依，如果没有"正"，也就没有"奇"。我们认为军队整体的训练有素，形成整体的配合是取得胜利的基础，在整体的基础上创新应用战略战术，处理好奇、正的两个方面，才能最终取得战争的胜利。

能够灵活和创新使用战略战术的军队才是一支最优秀的军队。这样的军队在整体配合默契的基础上，根据战场形势变化而调整自己的状态，有创造性的使用战略战术，随时把握机会和机遇，能够最有效地打击敌人。这时军队组织进入到更新的一种状态，我们称之为进入了创新配合的第三阶段。这是军队组织配合发展的最高境界。

"携手若使一人"是军队的基础，在这个基础上军队的将领还要会灵活应用这样的军队，调动他们的士气，选择有利的时机，因地制宜的灵活使用军队，这就是创新，唯有创新性的使用各种战法，才能做到战无不胜。整体加创新既是对军队指挥者的要求，也是对整个军队的要求。

军队就是一个组织，对组织的发展也应该符合组织发展规律假设。组织发展规律假设告诉我们：组织的发展有三个阶段，不同的阶段组织的效率是不一样的。在军队组织的发展中我们也看到了这样的规律。

军队的第一阶段是由招集队伍、颁布各种军规军纪，严格的赏罚制度，基础的训练所组成的。这个阶段是有意识的组合军队，设置管理体系，颁布各种法令。此时的士兵还在熟悉军纪军规，练习战斗所需要的基本作战技能，还需要熟悉军队作战的各种阵法，熟悉命令的传达和执行等，这些都需要反复的训练。这个阶段，军队和士兵都处于一种有意识的熟悉和有意识的配合阶段。

第二阶段是通过反复的练兵、训练而形成了整体配合。士兵对各自的技能和责任、相互之间协同配合作战的分工和协作都逐渐熟悉和了解，士兵之间、部队之间都相互形成了配合，通过反复的训练，最后达到一种条件反射式的整体配合状态。这时的军队形成了一致的配合和反应，具有较强的战斗力。这就是“携手若使一人”，“统兵莫过于一”的状态。在真正的战争中，只有达到这样训练有素的军队，才能够应用战略和战术。

第三阶段是在此基础上用奇正的思想，灵活应用军队和各种战术。整个军队在统一指挥的原则下，灵活、创新的应用战略战术。这需要军队中的各个部分在战争中有意识的配合，互相支持，发现和把握机会，促成和引导整个战争的胜利。

孙子曰：“知彼知己，百战不殆。”就是要了解自己军队的整体状况处于什么阶段，了解我们的配合训练达到了什么程度，了解我们是否具备灵活和创新应用战术的能力，只有了解这些才能做到真正的“知己”，才能作出正确的判断和决策。

通过以上分析，我们看到军队组织的发展也要经过有意识的组建练兵阶段，无意识的默契配合阶段和有意识创新配合阶段，这三个阶段同样也是打造一支优秀军队的必经之路。在人类历史的特殊事件中，取得胜利的军队是有一定的规律可循的。首先要培养一支训练有素、整体配合默契的军队，然后再通过不断创新和灵活应用各种战略、战术，在整体配合基础上的创新，现代战争的发展也证明了这一点。

军人在企业的成功符合组织发展规律假设

通过对古代兵法的特点和军队组织发展规律的分析，我们看到，军队的组建和发展也分为三个阶段：军队组建时有意识的配合练兵阶段—军队训练熟练后形成整体的无意识配合阶段—对于训练有素的军队灵活应用和创新使用的阶段。

军队每个阶段的发展都提高了军队整体的作战能力，从一个侧面来说，也是使军队组织的效率在不断的得到提高，使军队获得胜利的可能性增大。

通过对战争规律的分析，我们看到战争和团体运动的规律也是非常相似的，取胜的基础都在于对队伍的训练，使队伍达到一种默契配合的状态，然后再创新的使用队伍，最终获得胜利。无论是军队的组织还是体育运动中团体运动的组织都符合组织发展规律假设的三个阶段。

在现代社会中，企业就是一种组织，这种组织与军队和团体运动的运动队并没有什么本质上的区别。从组织规模的大小来比较，军队的规模大于企业的规模，企业的规模大于运动队的规模。如果从管理的难度来看，战争的管理要比企业的管理难度大，企业管理的难度也要超过体育运动队管理的难度。企业组织的管理是介于战争和团体运动之间的。他们管理和发展所遵循的规律应该是基本一致的。

世界上最大的企业合并案例也不会超过二战时期的几十个国家的军事联盟。在美军攻击伊拉克的“沙漠风暴”的行动中，美军就像在沙漠中凭空建立了一座中等规模的城市，供应近百万士兵和后勤人员的生活和军队战斗的行动，每天都有 2000 架次的飞机起飞与降落，而这一切只是在 3 个月中建立起来的。这种管理的复杂程度远远超过了企业管理的复杂程度。

在现实社会中，从国外到国内，我们经常可以看到很多军人在企业管理中取得了成功。正是因为他们对军队组织管理的规律有深刻的了解，而这种规律与企业管理的规律是一致的、相同的。这些军人经过了严格的遵守纪律和整体配合的训练，他们学会了怎样发挥组织整体的力量，学会了怎样应用组织整体的能力；他们能够将军队中组织训练、整体配合的方法应用到企业管理中去，从而形成了一支整体行动的企业员工队伍，在市场竞争中取得了胜利。

第十一章

对未来管理发展的预测和结论

当我们理解了组织发展规律后，可以通过组织发展规律假设推导出企业管理未来发展的趋势。人类的进步就是在不断提高物质和思想交流效率的交替发展中前进，若能发挥每个成员的最大潜力来进行创造，最终将形成更大的整体，人类社会就会更加美好！

管理的发展

美国学者加里·哈默和比尔·布林合著的《管理大未来》一书向我们介绍了未来管理的发展方向。在新世纪，公司管理将面临三项最艰巨的挑战：

- 加速战略调整的步伐。
- 让创新成为每人每天的工作。
- 为员工创造愿意全身心投入的工作环境，激发员工发掘自己的最大潜能。

未来管理的核心就是鼓励员工的创新，作者建议在企业管理创新议程中要增加员工的自由度，构建一个以社区共同体精神凝聚员工的企业，在组织中放大共同使命感，让员工乐于奉献。

书中谈到：我们的目标是建立能够持续进行“无外伤”自我调整的组织，就如人体的自适应系统那样。

我们可以通过组织发展规律假设来分析他们的研究结果。未来管理三项艰巨的挑战都是围绕着如何让员工创新，通过创新来调整组织的战略等，这正是组织发展规律假设所要求的，通过员工的创新带动组织的发展。在这三项最艰巨的挑战中我们没有看到对企业组织整体的要求，这似乎又不符合组织发展规律假设所告诉我们的要求。但是，后面一段的描述集中和专门提供了关于组织整体的要求：如何处理好规则与自由度，如何从科层体制（官僚体制）转变为社区体制，如何用使命感（价值观、企业文化等）来引导员工等，这些管理工作都是为了企业形成整体。如何实现组织“无外伤”的创新发展是管理的目标，就是需要处理和协调好组织整体与创新的关系。

美国管理学家托马斯·彼得斯在《重新想象》一书中提出了很多与当今企业管理的观点非常不同的想法，使传统的管理观念受到了强烈的冲击。

托马斯·彼得斯告诉我们一些新的管理理念，如企业不能永远保持在最佳的状态，成功是短暂的；企业需要通过多项的组合来寻求创新；关注顾客对服务和产品的感受，而不是你服务的项目；鼓励创新的失败；形成一种激情、创新和持之以恒的文化等。

通过组织发展规律假设，我们来分析托马斯·彼得斯在《重新想象》中的预测，我们也会得出一致的建议。

彼得斯认为，企业采取行动需要“前卫的客户”，带来创新的思想；需要“天才的创新者”来提出创新的方案；需要通过“冒险的文化”来实施创新，需要“独特的观点”，需要“设计”以及“激情、想象和毅力”，彼得斯的观点和预测的趋势其核心所表达的就是企业需要创新。因为企业的生存与发展都需要创新，需要与众不同，创新只能带来一时的成功，而企业需要持续不断的创新。

其实，彼得斯的这些观点和未来企业的特征与处于第三阶段的组织的特征是完全一致的，和第三阶段组织所需要开展的工作方向也是相同的。特别是彼得斯提出“成功的企业是短暂的”这种观点与我们分析得出的组织不可能长期保持在第三阶段的结论是一致的，第三阶段的组织在经过其巅峰时期后，也会出现配合的下降和创新能力的下降。

第三阶段组织就是需要创新，需要天才的创新者，需要冒险的精神，需要不同的观念和方法，更需要从客户中吸取创意。

第三阶段组织的文化也正是需要企业承担卓越的失败，并要奖励卓越的失败，惩罚不思进取的平庸的成功。企业中正是要建立这种鼓励创新、不怕失败的文化和气氛。

第三阶段的组织，正是发挥领导力的组织，需要将激情、想象力和毅力结合起来，取得成功。

另外，创新的产品和服务（设计），市场细分都是第三阶段的组织通过分散的团队贴近顾客，通过基层的创新和决策等手段来开展的工作。

无论企业怎样发展，组织发展的规律假设仍然是基础，离开了人和组织的相互作用，不可能达到任何目标。现代企业的发展就是在协调整体和创新的过程中不断进步。

麦肯锡在几年前就通过研究，提出了企业未来发展的10种趋势：

- 分散式共同创造。
- 组织网络化。
- 更深入的协作。

- 互联网。
- 利用海量数据的实验。
- 为可持续发展的世界而连网。
- 产品服务化。
- 多方参与的商业模式。
- 从金字塔底层创新。
- 利用技术手段，加强与市民的联系，改善社区管理和创造社会福利。

在这10种发展趋势中，“组织网络化”、“更深入的协作”、“互联网”、“为可持续发展的世界而连网”、“多方参与的商业模式”等都与协作、联合有关系，目的就是形成更大的整体的概念，让更多的个体联系在一起，通过网络的协作形成整体，从而创造出更大的力量，提高组织的效率。

在这10种企业发展趋势中，“分散式共同创造”、“从金字塔底层创新”的两个趋势，讲述的就是创新，并且这种创新是分散式的，来自于不同类别员工，来自于最基层员工的。

如果我们把企业发展的10大趋势和组织发展规律假设相对照，会清楚地看到形成整体和开展创新，在10大趋势中的完美体现。

“从长远来看，协作将是被称为‘组织资本’的一个重要组成部分”。如何形成协作、如何形成整体，体现了“组织智商”。通过协作形成组织整体的能力，就是一种“组织资本”，也是组织的核心能力，更是一种企业软实力的体现。

麦肯锡的研究还认为，不同部门各司其职还远远不够，因为这些趋势的一些最重要的应用将会超越传统的部门界限。因此，高层领导人应该鼓励企业中不同部门的团队经常接触交流，共同应对类似的问题。企业部门之间的交流和协作就是形成默契配合的根本要求，同时也是对管理者的根本要求。

未来企业管理的展望和预测

世界在不断的发展和变化，我们总希望了解未来变化的趋势。当我们理解了组织发展规律假设后，我们可以通过组织发展规律假设推导出企业管理未来发展的一些趋势：

资源和人才将向大企业集中

达到第三阶段的组织会利用自己的优势，努力保持自己的整体实力和状态。他们通过兼并和收购相关企业，保持自己的优势；他们有实力吸引最好的人才，为他们提供最好的发展环境和条件，提供优良的待遇，提供发展的空间；优秀的人才产生优秀的创意和创新，创新又推动了企业的发展，从而形成了一种良性循环。这种趋势的结果就是资源和人才都会向大企业集中，使大企业变得越来越强大。

专利、技术标准被垄断

由于大企业的实力强大，对创新的支持更多更强，新技术、专利、标准都会产生于大企业，会被大企业所垄断。这些大企业会充分利用市场的规则，从专利和标准中牟取暴利。而发展中国家只能成为成本中心，只能在整个价值链中赚取低端的部分——赚取可怜的加工费，被掌握核心技术的大企业盘剥。

小规模的团队有利于信息的沟通和创新

组织的发展依赖于组织的整体，而组织的整体是由小的团队所组成的。团队可以充分发挥整体的优势，而团队的后面是强大企业的整体力量的支持。由于小型的团队在收集资料、迅速反应、快速决策、信息沟通、知识交流、互相学习、协调配合、及时创新等方面都表现出很大的优势，未来大企业会根据项目和区域划分成很多小规模的团队，使团队发挥出整体的力量，开展以团队为基础的创新，最终形成整个企业的整体力量。这些团队的背后随时有大企业强大的支持，提供资金、物资、信息、人员、加工和其他专业团队的支持。

员工与企业共同稳定和长期发展

企业要保持稳定，同时又要激励创新，因此，企业会采用很多奖励和激励的方式，这种方式在未来决不是单一的某种方式，而是一种企业与员工共同发展，共同获利的方式。它会使员工保持一种长远的心态，从而自动激发出员工的潜力，使员工把企业当成实现自己理想的载体，全力以赴的完成工作并开展创新，从而使企业获得持续的发展。

更注重企业文化与价值观的建设

在知识经济时代，企业提高效率已经不能靠用制度来约束员工，不能依靠监督来提高效率。知识、信息、创新都在知识员工的头脑中，无法用有形的方式来强求，因此只能用企业文化和价值观来引导员工。未来的公司工作环境更为宽松，而换来的回报就是这种环境和气氛会激发出员工的主动性和创造性，从而使他们尽其所能的完成工作。

管理的重心已经转移到发挥人的作用上

企业的发展需要创新，而创新需要高素质的人才。未来的企业更多提供的是服务而不是单纯的产品，而提供服务必须依靠人来完成。把人当成机器的一部分的时代已经一去不复返了。流水线的设计自动化程度越来越高，即使是流水线上的工人，其工作也更为丰富化，也需要员工改进和创新。未来企业管理的重点是对人的管理，怎样选拔、培训、锻炼，使员工成为企业合格的人才，将成为企业管理的重点。

分工越来越细

随着技术的发展，分工越来越细，越来越专业，具体工作的员工就变成了这个行业的专家，其他人无法随便替代。同时团队的协作变得更加重要，专业化需要更好的协调能力，这就需要以团队为基础的分工和合作。企业管理的重点就是正确的引导，创造良好的环境，剩下的就是依靠员工自觉的努力。

发达国家追求高技术高附加值的项目

这是企业追求效率的结果，发达国家会将那些公开的技术或者低技术含量的产品转移到像中国和印度等低劳动力成本的国家生产。而创新和高技术的产品保留在本国生产，以此获得高附加值的利润。发达国家以此形成一种良性循环，而不发达国家则有可能陷入一种恶性循环中。

这些趋势，有的现在已经开始变成现实，有的正在转变之中。现代企业管理的方向和研究也同样在转变，管理的重点已经不是生产，而是新产品的研发和产品与服务的应用，管理的重点也因此出现变化。管理要围绕着创新来开展，新产品的研发需要创新，满足客户变动的需要，为客户提供优异的服务也要创新，而这一切依靠的都是高素质的人才。能够产生创新的企业，更多的需要是价值观、企业文化、气氛、环境、沟通，以及共同学习和支持等，而生产管理将通过自动化被放到次要的地位。第三阶段组织的特征就是整体基础上的创新，组织未来发展所围绕的趋势最终都指向组织的整体和创新。

全球化的发展

全球化就是人类在不断扩展相互之间的配合，目的就是形成更大、更广泛的联系，形成更大的整体，产生更大的力量。WTO倡导的贸易自由化、降低各国之间的关税和各种壁垒，就是为了进一步减少国家之间的经济摩擦和隔阂，提高经济体之间的配合与协作的流畅程度；各种形式或大小的自由贸易区更是这种形成更大配合和协作的具体体现；形成更大的整体，产生更大的综合力量是人类发展的未来。

从哥伦布发现新大陆开始，人类就开始了一种物质和物资上扩大联接的过程。从那时起，全球一体化就开始了它的进程，铁路、公路的发展，航空、航运的发展和应用，仍然体现在一种物质和物资上的联接，这也是世界成为整体的基础，物质还是基础。这是全球化的第一阶段。

电话、电视的发明和应用，拉近了人类思想的距离，加快了人类思想和文化的交流，它们缩短了地理上的距离，提高了沟通的效率。而互联网的发明和应用，更是体现了人类一种思想、智力、文化上的联接。这是一种飞跃，从物质的联接上升为一种思想和文化的联接。这是人类文明的又一大成果。这是全球化的第二阶段。

在物质传输方面：也许将来会有一种更高效的物质传递的方法，就像一些科幻小说中描写的，可以通过“黑洞”等手段将物质快速投放到另一个地方。现在已经有了3D打印机的概念，我们也有了自动炒菜机的设备，也许未来还会有类似于食物打印机这样的设备，来进一步提高物质投放的效率。

在信息传输方面：也许未来还会有更快捷的思想交流方式，甚至是思想的存储和保存方式。像科幻电影《阿凡达》一样，整个星球的生物可以通过他们的触须来直接交流各自的思想，这种思想交流是真实、可靠、及时、准确的，它没有虚假信息、不能隐瞒、不能欺骗，大家展示的都是真实的思想，这种沟通效率是最高的，由此而产生的整体配合的力量是最大的。科学家也正在研究所谓的“读心术”，通过脑电波的变化直接“读出”人类的真实思想，这比测谎器要上升一个更高的层次。如果最终人类的思想可以直接交流和共享，这也有利于人类的共同学习、共同创新，学习传播的速度会更加快捷，这会产生更大的协作能力，形成更大更默契的配合，形成更好的创新，这也许就是全球化的第三步。人类的进步就是这样在不断提高物质和思想交流效率的交替发展中前进，最终形成更大的整体，并发挥每个成员的最大潜力来进行创造，总之人类社会将更加美好！

(京）新登字083号

图书在版编目（CIP）数据

手段：管理的秘诀/许海东著. —北京：中国青年出版社，2012.1

ISBN 978-7-5153-0516-5

Ⅰ.①手… Ⅱ.①许…. Ⅲ.①企业管理-研究-中国

Ⅳ.①F279.23

中国版本图书馆CIP数据核字（2011）第275552号

出版发行 中国青年出版社

社　　址：北京东四十二条21号

邮政编码：100708

网　　址：www. cyp. com. cn

编辑电话：(010) 57350510

责任编辑：李杨 candie_Li@.163.com

营　　销：北京中青人出版物发行有限公司

电　　话：(010) 57350517 57350524

印　　刷：三河君旺印装厂

经　　销：新华书店

开　　本：700×1000 1/16

印　　张：16.25

插　　页：2

字　　数：193千字

版　　次：2012年3月北京第1版 2012年3月第1次印刷

印　　数：1—6000册

定　　价：30.00元

本图书如有印装质量问题，请与出版部联系调换

联系电话：(010)57350526